»be *active!*

Das große Fitnessbuch

Empfohlen vom Berufsverband
staatlich geprüfter Gymnastiklehrerinnen und -lehrer e. V.
Deutscher GymnastikBund DGymB

freundin

PETRA OTTO

»be active!

Das große Fitnessbuch

Mit Tests und individuellen Trainingsprogrammen

... Ausdauer
... Body-Styling
... Sanfte Fitness

FALKEN

Inhalt

Als die Gymnastiklehrerin Bess M. Mensendieck (1864–1957) Anfang des 20. Jahrhunderts die Frauen vom Korsett befreite, konnte sie nicht ahnen, welche Welle der Bewegungskultur sie damit auslöste. Schon damals propagierte sie aktives Muskeltraining und effektive Haltungsschulung und brach damit ein Tabu.
Wie so manch andere Entwicklung, nahmen auch die Sportbegeisterung und ein stärkeres Gesundheitsbewusstsein ihren Anfang in den USA. Eine Welle, die Europa zu Beginn des letzten Jahrhunderts erfasste: Es war chic, sportlich zu sein. Die Bewegungseuphorie erfasste jeden. Für die einen war es nur ein kurzes Strohfeuer, andere wiederum stellten fest, dass Sport in Maßen und mit Konsequenz betrieben ihnen langfristig nicht nur eine bessere Figur, sondern auch ganzheitlich ein größeres Wohlgefühl bescherte. Einhergehend mit diesem Körper- und Gesundheitsbewusstsein etablierte sich die Sportwissenschaft, die sich in den vergangenen Jahren rasant weiterentwickelte. Vieles, was noch vor 5–10 Jahren gelehrt wurde, muss heute wieder revidiert werden. Trainingskonzepte ändern sich, die pädagogische Herausforderung an die Unterrichtenden steigt. Gleichzeitig wachsen die Ansprüche derer, die etwas für Körper, Geist und Seele tun möchten. Ansprüche, die aus meiner Sicht absolut gerechtfertigt sind, denn auf diesem Gebiet ist Qualität gefragt!
Seit 14 Jahren arbeite ich mit großem Engagement als Bewegungs- und Gesundheitspädagogin, Gymnastiklehrerin und Bewegungstherapeutin. Es macht mir große Freude, Menschen durch »Körperarbeit« zu mehr Gesundheit und Selbstbewusstsein zu verhelfen. Nicht nur im Unterricht oder in der Therapie, sondern auch zu Hause in den eigenen vier Wänden. Deshalb begann ich vor einigen Jahren, Bücher über frauenspezifische Gymnastik, Entspannungsverfahren und Fitness zu schreiben. Sie können also sicher sein, dass die Übungen in diesem Buch nicht am grünen Tisch entstanden sind. Sie sind vielmehr das Ergebnis jahrelanger praktischer Unterrichtserfahrung und basieren auf den neuesten Entwicklungen der Sportwissenschaft. Von meinen Kursteilnehmern wurden sie immer wieder kritisch auf den praktischen Nutzen hin überprüft. (Besonderen Dank an dieser Stelle den Mitgliedern der Kaifu-Lodge in Hamburg!)

Wie benutzen Sie dieses Buch?

Fitness und stabile Gesundheit sind das Ergebnis von verschiedenen Faktoren. Ein ausgewogenes Fitness-Programm braucht deshalb unterschiedliche Schwerpunkte: Ausdauer für mehr Durchhaltevermögen, Kraft für bessere Belastbarkeit, Beweglichkeit und Entspannung für Regeneration und ganzheitliches Wohlbefinden. Entsprechende Elemente finden Sie in den drei Kapiteln dieses Buches.
Jedes Kapitel beginnt mit einer Doppelseite **Gesucht & gefunden**.
Hier erhalten Sie Antworten auf die häufigsten Fragen; ein Seitenverweis führt Sie an die entsprechende Stelle des Buches.
Wenn Sie nicht wissen, wo Sie stehen: Mit den **Fitness-Checks** *im ersten und zweiten Kapitel können Sie Ihr Leistungsniveau bestimmen.*
Alle Unentschlossenen finden über die **Tests** *mit Sicherheit die passende Sportart.*
Die **Basics** *geben Ihnen einen Überblick über die wichtigsten Sportarten.*
Dann folgt die praktische Umsetzung in Form von **Trainingsprogrammen**.
Trainingstipps von A–Z *runden jedes Kapitel ab. Hier erhalten Sie nochmals wichtige Informationen in Kürze. Für alle, die sich für einzelne Themen näher interessieren, gibt's am Ende des Buches* **Adressen**, *an die sie sich wenden können.*

Formulieren Sie Ihre Ziele

Möchten Sie Gewicht reduzieren und Kondition aufbauen, starten Sie mit Ausdauer-Training (Informationen im ersten Kapitel). Wollen Sie Ihre Muskeln in Form bringen und Rückenschmerzen vorbeugen, beginnen Sie mit den Trainingsprogrammen des zweiten Kapitels. Sind Sie dagegen eher an sanften Übungen zur Entspannung und Regeneration interessiert, finden Sie Anregungen in Kapitel drei. Ideal wäre es, wenn Ihr persönliches Fitness-Programm Übungen aus allen drei Kapiteln enthalten würde – aber das spüren Sie mit der Zeit sicher selbst.
Setzen Sie Ihren Entschluss für ein aktives und gesundes Leben noch heute um.
Be active! *Ihre*

Petra Otto

AUSDAUER-SPORTARTEN im Überblick • **FITNESS-CHECK** für einen perfekten Start • **TESTEN**, welche Sportart zu Ihnen passt • **IDEALE ÜBUNGSPROGRAMME** für jeden Fitness-Level •

Ausdauer-*Training*

Individuelle Trainingstipps: für mehr Energie, optimale Kondition und straffe Konturen

Gesucht & gefunden

Was Sie schon immer wissen wollten:

Wie schaffe ich den Einstieg?

Mit ein bisschen Geduld und realistischen Zielen. Grundregeln: langsam anfangen, mit kurzen Trainingsphasen, auf die empfohlene Herzfrequenz für Einsteiger achten.

seite 16, 17

Gelenk- und Wirbelsäulenprobleme?

seite 24, 27

Richtiges Training baut Muskulatur auf und entlastet Gelenke und Bandscheiben. Wichtig dabei: korrekte Ausgangsstellung, gute Körperspannung und exakter Bewegungsablauf.

Schnell aus der Puste?

Wählen Sie eine Sportart, bei der Sie Ihre Belastung individuell dosieren können. Ideal: Walking, Schwimmen oder Ergometertraining.

seite 24, 30

Welche Sportart passt zu mir?

seite 20

Überlegen Sie, was Ihnen Spaß macht: Bewegen Sie sich gern an der frischen Luft? Oder wollen Sie vom Wetter unabhängig trainieren? Machen Sie unseren Test: So finden Sie die richtige Sportart.

Wie oft und wie lange trainieren?

Das hängt von Ihrer körperlichen Ausgangssituation ab. Als Einsteiger beginnen Sie 3-mal wöchentlich mit 5–10 Minuten Gehen oder langsamem Laufen mit 50 Prozent der maximalen Herzfrequenz.

seite 16, 42

Sport trotz Erkältung?

seite 24

Wenn Sie sich krank fühlen, sollten Sie eine Trainingspause einlegen, ebenso bei großer Übermüdung oder Schmerzen. Bei leichten Kopfschmerzen kann dosiertes Walken Linderung bringen.

Antworten auf Ihre Fragen

Wann überfordere ich mich?

Kontrollieren Sie die Belastung durch Messen der Herz- bzw. Pulsfrequenz. Hören Sie auf Ihren Körper: Sie sollten sich während des Trainings wohl fühlen und in der Lage sein, sich in kurzen Sätzen zu unterhalten.

seite 16–18

Wie verliere ich Gewicht?

seite 17

Regelmäßiges Ausdauer-Training in einem Bereich von 50–60 Prozent der maximalen Herzfrequenz (Fettverbrennungszone) geht an die Fettdepots.

Seitenstechen – was tun?

Sie sind zu schnell und bekommen zu wenig Sauerstoff. Deshalb: Tempo drosseln und auf gleichmäßige Atmung achten: 3–4 Schritte einatmen, genauso lang ausatmen.

seite 42

Stress, Erschöpfung – was hilft?

seite 16, 17

Ausdauer-Training steigert ihre körperliche und seelische Leistungsfähigkeit. Sie halten länger durch und erholen sich nach Belastungen schneller.

Was hilft gegen Langeweile beim Sport?

Wer viel Abwechslung braucht, sollte es mit einem Cross-Training versuchen. Dabei werden verschiedene Sportarten miteinander kombiniert, zum Beispiel Walking oder Jogging mit Rad fahren und Schwimmen.

seite 24–33

Ausdauer-Training trotz Schwangerschaft?

seite 43

Verläuft die Schwangerschaft normal, spricht nichts gegen wohl dosierte sportliche Betätigung. Schwimmen, Walking oder Ergometertraining sind Beckenboden-freundlich und schonen die Gelenke.

Sportarten für mehr Ausdauer

REGELMÄSSIGER AUSDAUER-SPORT STEIGERT DIE LEISTUNGSFÄHIGKEIT, BAUT ENERGIERESERVEN AUF UND FETTPÖLSTERCHEN AB. WIE SIE IHRE AUSDAUER GEZIELT VERBESSERN UND WELCHE SPORTARTEN OUTDOOR ODER INDOOR DAFÜR AM BESTEN GEEIGNET SIND, ERFAHREN SIE IN DIESEM KAPITEL.

Ein kurzer Sprint zum Bus und Sie sind total außer Atem? Der Gang zu Fuß in den dritten Stock treibt Ihnen den Schweiß auf die Stirn? Sie fühlen sich ständig schlapp und antriebslos? Keine Frage: Was Sie brauchen, ist mehr Ausdauer. Und die bekommen Sie durch ein gezieltes Training. Das sorgt für einen langen Atem – also mehr Sauerstoff und Energie. Und für bessere Kondition – Sie können mehr leisten, halten länger durch und erholen sich nach Belastungen schneller. Ganz nebenbei tun Sie so auch noch eine Menge für Ihre Figur.

Welche Sportarten eignen sich als Ausdauer-Training?

Laufen, Rad fahren und Schwimmen zählen nach wie vor zu den Klassikern unter den Ausdauer-Sportarten. Auf dem besten Weg dorthin ist Walking. Das zügige Gehen strengt weniger an als Jogging und hat sich gerade für Anfänger als Einstieg bestens bewährt. Inline-Skating, der Funsport auf acht Rollen, ist der Renner der letzten Jahre und besonders gelenkschonend. Auch in Fitness-Studios steht das Training für Herz und Kreislauf hoch im Kurs: Neben ausdauerorientierten Gymnastikformen wie dem klassischen Konditionstraining oder Aerobic gibt es hier die Möglichkeit, Ausdauer an modernen High-Tech-Geräten (siehe Seite 36/37) zu trainieren. Neue Trends wie *Spinning* oder Aerobic-Varianten sorgen außerdem für Abwechslung. Beim *Step-Aerobic* steigt man auf höhenverstellbare Podeste (Steps). Die Stepbewegung kräftigt die Bein- und die Pomuskulatur und fördert auf sanfte Weise die Ausdauer. *Therarobic* nennt sich die Gymnastik mit Thera-Bändern. Sie verbessert Ausdauer und Haltung und kräftigt den ganzen Körper. *Aquarobic* ist Aerobic im Wasser – anstrengender, aber auch gelenkschonender als auf dem Trockenen. Beim *Tai-Chi-Aerobic* werden traditionelle Bewegungsformen des Tai Chi mit Übungen aus dem Low-

Sportarten für mehr **Ausdauer**

Impact-Aerobic kombiniert. Eine sanfte Form, um wieder fit zu werden. Wesentlich kraftvoller und schweißtreibender geht es dagegen beim *Tae-Bo-Aerobic* zu (siehe Seite 38/39). Wählen Sie nach Ihren Vorlieben und Bedürfnissen.

Was passiert beim Ausdauer-Training?

Jede körperliche Anstrengung führt zunächst zu einer Ermüdung. Auch beim langsamen Gehen oder Walken kommt es zu einem Energieverlust. Den versucht der Körper in der anschließenden Regenerations- oder Erholungsphase wieder auszugleichen. Der Erfolg des Ausdauer-Trainings basiert darauf, dass der Körper nicht nur die vor dem Training vorhandenen Kraftreserven wieder auffüllt, sondern sie sogar vergrößert, um für das nächste Training besser gewappnet zu sein. Der Körper gleicht trainingsbedingte Energieverluste also nicht nur aus, sondern er überkompensiert sie. Die Sportwissenschaft nennt dieses Phänomen *Superkompensation*. So paradox es klingt: Um Ihr Herz auf Dauer zu entlasten, müssen Sie es zuerst gezielt belasten.

Der Weg zum Ziel: wie oft, wie lange, welches Tempo?

Was sollten Sie nun tun, um den gewünschten Effekt zu erzielen? Bereits ein 5- bis 10-minütiges tägliches Ausdauer-Training bringt eine nennenswerte Leistungssteigerung des Herz-Kreislauf-Systems. Optimal und langfristig anzustreben ist ein Training 3- bis 4-mal pro Woche von jeweils 30–60 Minuten. Zwischen den Trainingseinheiten sollte man ein Pause von 24 Stunden einlegen, damit sich der Körper erholen und regenerieren kann. Wie lange Sie trainieren, hängt von Ihrem Gesundheitszustand, dem Trainingsziel und nicht zuletzt von Ihrer Zeit ab.

Die häufigsten Trainingsziele: den Fettstoffwechsel ankurbeln und die Herz-Kreislauf-Leistung verbessern. Um diese Ziele zu erreichen, sollte die Trainingsintensität eine bestimmte Herzfrequenz nicht überschreiten. Legen Sie also zuerst Ihr Trainingsziel fest und errechnen Sie Ihre optimale Herzfrequenz (siehe Tabelle und Rechenbeispiele auf dieser Doppelseite). Während des Trainings sollten Sie die Herzfrequenz durch regelmäßige Pulskontrolle überprüfen. Halten Sie das vorgegebene Tempo beziehungsweise den Widerstand. Achten Sie dabei auf Ihr Körperempfinden: Sie sollten sich immer wohl fühlen.

Rechenbeispiel 1: Angenommen, Sie sind 35 Jahre alt, haben seit der Schulzeit keinen Sport mehr gemacht und möchten ein paar überflüssige Pfunde loswerden. Ihr Ziel: ein Fettstoffwechsel-Training und die Entwicklung der Grundlagenausdauer zum Beispiel durch Walking. Die optimale Pulsfrequenz während des Gehens liegt für Sie als Einsteigerin bei 50–60 Prozent der maximalen Herzfrequenz (MHF = 220 minus Alter). Konkret rechnen Sie so: 220 minus 35 mal 0,5 (untere Grenze) beziehungsweise mal 0,6 (obere Grenze). Das heißt: Mit einer Herzfrequenz von 93–111 Schlägen pro Minute trainieren Sie optimal in der Fettverbrennungszone.

Rechenbeispiel 2: Sie sind 40 Jahre alt und betreiben immer schon mäßig, aber regelmäßig Sport. Sie sind nicht an Höchstleistungen, sondern vielmehr an Ihrer Gesundheit interessiert und wollen

auch in Zukunft fit und aktiv bleiben. Um Ihren Ausdauer-Level zu halten, dabei Ihr Herz zu kräftigen und das Gewicht zu regulieren, liegt Ihr Trainingsziel in der Gesundheitszone. Ihre optimale Pulsfrequenz beträgt 60–70 Prozent der maximalen Herzfrequenz. Den Wert errechnen Sie so: 220 minus 40 mal 0,6 (untere Grenze) bzw. 0,7 (obere Grenze). Beim Joggen oder Radfahren sollten Sie also eine Herzfrequenz von 108–126 Schlägen pro Minute nicht über- oder unterschreiten.
Wenn Sie sich zu den Fortgeschrittenen zählen, Ihre Leistung aber noch deutlich steigern wollen, ist Ihr Ziel ein Training in der aeroben Zone. Sie trainieren dann mit 70–80 Prozent der maximalen Herzfrequenz, also bei 126–144 Schlägen pro Minute.

Nebenwirkungen erwünscht

Ein gesundheitsorientiertes Training führt zu einer systematischen Leistungssteigerung und ermöglicht eine dauerhafte Gewichtskontrolle. Ganz gleich, für welche Sportart Sie sich entscheiden – freuen Sie sich auf jede Menge Spaß und erwünschte Nebenwirkungen, denn Ausdauer-Training

- reduziert den Körper-Fettanteil beziehungsweise hält ihn konstant, da die Zahl der Fett abbauenden Enzyme im Körper steigt;
- gleicht den Kohlehydrat- und Fettstoffwechsel aus, beeinflusst den Appetit und macht mehr Lust auf Obst und Gemüse;
- stärkt den Herzmuskel, reguliert den Blutdruck und senkt den Ruhe- und Belastungspuls;
- erhöht den HDL-Cholesterin-Spiegel und senkt dafür das LDL-Cholesterin;
- erhöht die Leistungsfähigkeit des Immunsystems, sorgt sogar für einen verbesserten Schutz vor Krebs;
- verringert die Verletzungsanfälligkeit und optimiert die Erholungsfähigkeit;
- verbessert die psychische Belastbarkeit;
- stärkt das Selbstbewusstsein und hilft gegen depressive Stimmungswechsel;
- sorgt für wohlige Entspannung, geistige Wachheit, höhere Konzentrationsfähigkeit, innere Ausgeglichenheit und einen erholsamen Schlaf.

Herzfrequenz-Zonen und Trainingsziele im Überblick

Herzfrequenz-Zone	% der MHF	Trainingsziel	Zielgruppe
Fettverbrennungs-Zone	50–60 %	Fettstoffwechsel-Training Entwicklung der Grundlagen-Ausdauer	Anfänger, Personen, die lange inaktiv waren, Übergewichtige
Gesundheits-Zone	60–70 %	Fettstoffwechsel-Training Stabilisierung der Grundlagen-Ausdauer Anhebung des Leistungsniveaus	Anfänger, Geübte
Aerobe Zone	70–80 %	Kohlenhydratstoffwechsel-Training Verbesserung der Grundlagen-Ausdauer Anhebung des Leistungsniveaus	Geübte, Fortgeschrittene
Anaerobe Zone	80–90 %	Kohlenhydratstoffwechsel-Training Entwicklungs-Training	Fortgeschrittene

FITNESS CHECK

Welchen **Ausdauer-Level** haben Sie?

Hand aufs Herz: Schaffen Sie ohne Mühe eine Steigung oder kommen Sie bereits bei der geringsten Anstrengung aus der Puste? Nur wer seine Form richtig einschätzen kann, wird sich für das Training realistische Ziele setzen – eine Grundvoraussetzung für mehr Lust statt Frust. Bevor Sie sich also für eine bestimmte Sportart entscheiden, sollten Sie den Step-Test machen, denn er gibt Ihnen Aufschluss darüber, was Sie sich zumuten können.

So testen Sie Ihre Ausdauer

Beim Ausdauer-Training wird die Intensität der Belastung an der Herz- beziehungsweise Pulsfrequenz gemessen. Mit einem so genannten Herzfrequenz-Messer lässt sich die Pulsfrequenz EKG-genau ermitteln. Natürlich können Sie den Puls auch auf konventionelle Art an Hand- oder Halsschlagader messen. Diese Messmethode ist zwar etwas ungenauer und während des Trainings schwieriger durchzuführen, aber für den Anfang ausreichend. Sie können so Ihren Ruhe-, Belastungs- oder Erholungspuls kontrollieren.

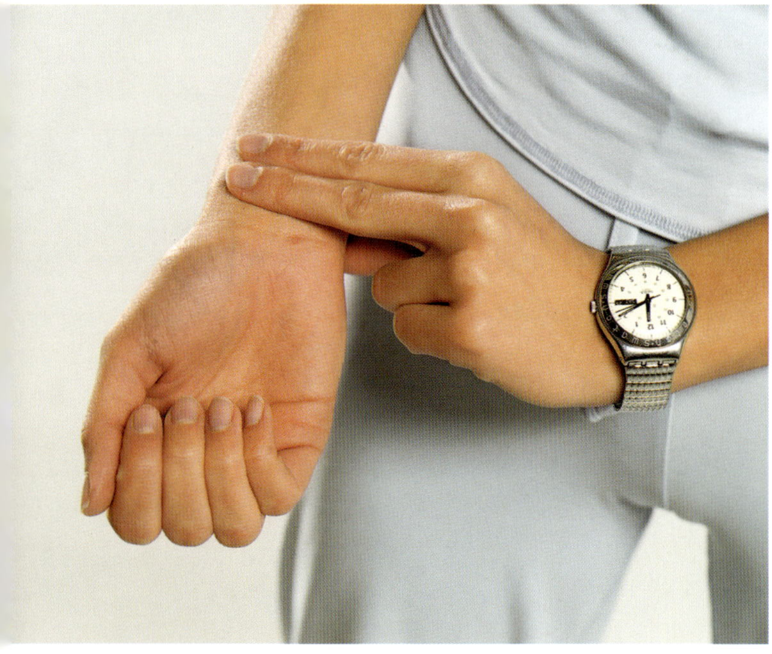

Regelmäßiges Ausdauer-Training entlastet das Herz bei seiner Arbeit: der Ruhepuls wird niedriger, das Herz muss am Tag durchschnittlich 30.000-mal weniger schlagen. Auch bei Belastung bleibt die Pulsfrequenz deutlich niedriger. Und je schneller der Puls nach der Belastung wieder sinkt, desto besser steht's um Ihre Fitness.

Ermitteln Sie Ihren Ruhepuls

Am besten geht das morgens nach dem Aufwachen, dann ist der Kreislauf noch nicht in Schwung: Legen Sie dazu Zeige- und Mittelfinger flach auf Hals- oder Handschlagader. Zählen Sie 15 Sekunden lang die Pulsschläge und multiplizieren Sie das Ergebnis mit 4. So erhalten Sie die Anzahl der Herzschläge pro Minute. Notieren Sie Ihren Ruhepuls. 60–80 Schläge in der Minute sind normal. Bei gut trainierten Menschen kann der Ruhepuls unter 50 Schläge sinken. Wer deutlich über 80 Schlägen pro Minute liegt, sollte drin-

gend etwas für seine Fitness tun. Ein ausgewogenes Ausdauer-Training ist dafür ideal.

Ermitteln Sie Ihren Erholungspuls

Machen Sie den Step-Test: Sie brauchen eine Treppenstufe oder eine rutschfeste, stabile Kiste von 20–25 Zentimetern Höhe. Strecken und recken Sie sich und lockern Sie Arme und Beine. Stellen Sie sich nun vor die Treppenstufe (oder die Kiste), halten Sie den Oberkörper aufrecht und lassen Sie die Knie leicht gebeugt. Steigen Sie 3 Minuten in zügigem Tempo abwechselnd auf und ab: Rechts hoch, links hoch, rechts runter, links runter usw. Die Arme lassen Sie dabei locker mitschwingen. (Bei den ersten Anzeichen von Übelkeit oder Unwohlsein, brechen Sie den Test bitte sofort ab.)

Nach einer Ruhepause von 30 Sekunden messen Sie Ihren Puls, das ist der so genannte Erholungspuls.

Notieren Sie Ihren Erholungspuls. Vergleichen Sie das Ergebnis mit den Werten in der Tabelle. Je trainierter Sie sind, um so schneller normalisiert sich Ihr Pulsschlag nach Belastung wieder. Berücksichtigen Sie Ihre Tagesform.

Wiederholen Sie diesen Test nach 8–12 Wochen Training. Sie werden feststellen, dass Sie deutliche Fortschritte gemacht haben.

Testauswertung

Wenn Sie sich in der ersten Spalte wiederfinden, sollten Sie sich vor dem Training sportmedizinisch untersuchen und beraten lassen. Sind sie schon etwas trainiert, halten Sie sich an die Hinweise für Einsteiger; gehören Sie zu den gut Trainierten, starten Sie mit den Empfehlungen für Geübte und Fortgeschrittene.

Erholungspuls (Schläge pro Minute)

Alter	untrainiert	etwas trainiert	gut trainiert
20–29	112 und mehr	110–88	86 und weniger
30–39	114 und mehr	88–112	86 und weniger
40–49	116 und mehr	90–114	88 und weniger
50 +	118	116–92	90 und weniger

TEST Die richtige **Ausdauer-Sportart** für Sie

Sie haben sich vorgenommen, wieder mehr Sport zu treiben? Gut. Doch bevor Sie loslegen, sollten Sie sich über Ihre Ziele und Ihre Möglichkeiten klar werden.
Egal, ob Sie ein paar Kilo abnehmen oder Ihre Ausdauer verbessern möchten, eins ist vor allem wichtig: Die gewählte Sportart soll Ihnen Spaß machen und ihrem Trainingsstand entsprechen. Mit dem Test auf dieser Doppelseite können Sie die Ausdauer-Sportart finden, die am besten zu Ihnen passt. Kreuzen Sie bei jeder Frage die Antwort an, die am ehesten auf Sie zutrifft. Welchen Buchstaben haben Sie am häufigsten gewählt? Lesen Sie die Testauswertung unter dem entsprechenden Buchstaben.

Wann haben Sie das letzte Mal regelmäßig Sport gemacht?

- ☐ **C** Das ist schon Jahre her.
- ☐ **B** Bis vor ein paar Monaten
- ☐ **A** Ich treibe regelmäßig Sport.

Wie ist Ihr gesundheitlicher Zustand?

- ☐ **A** Ich fühle mich rundum gesund und zufrieden.
- ☐ **B** Bis auf die normalen Wehwehchen ganz o. k.
- ☐ **C** Manchmal tun mir meine Gelenke weh, besonders Rücken und Knie schmerzen.

Haben Sie Übergewicht?

- ☐ **A** Nein
- ☐ **C** Ja
- ☐ **B** 2–3 Kilo weniger wären nicht schlecht.

Wie sieht Ihr persönlicher Terminkalender aus?

- ☐ **B** Nach einem Arbeitstag von 8 Stunden bleibt wenig Zeit für mich.
- ☐ **C** Ich arbeite sehr viel; Überstunden gehören zur Tagesordnung.
- ☐ **A** Ich kann mir meine Zeit für Arbeit und Privates frei einteilen.

Was ist Ihnen beim Sport wichtig?

- ☐ **C** Frische Luft und Bewegung in freier Natur
- ☐ **B** Unabhängigkeit von Wind und Wetter
- ☐ **A** Abwechslung

Was motiviert Sie am meisten?

- ☐ **A** Fetzige Musik, tolle Geräte, die Gruppe
- ☐ **B** Die Freude an der Bewegung
- ☐ **C** Unabhängigkeit. Ich möchte jederzeit loslegen können.

Was erwarten Sie von einer Sportart?

- ☐ **A** Ich will meine Leistungsfähigkeit kontinuierlich steigern können.
- ☐ **C** Sie soll nicht zu anstrengend und überall durchführbar sein.
- ☐ **B** Sie soll meine Gesundheit fördern und Spaß machen.

Was darf der Sport kosten?

- ☐ **A** Wenn es Spaß macht, spielt Geld keine Rolle.
- ☐ **C** Möglichst wenig
- ☐ **B** Für meine Gesundheit ist mir nichts zu teuer.

Testauswertung

A

Fitness steht bei Ihnen an erster Stelle, und das sieht man Ihnen auch an. Durch regelmäßige Bewegung halten Sie problemlos Ihr Gewicht, Sie sind körperlich fit und gut drauf. Grundsätzlich können Sie jede Sportart ausüben, doch Sie suchen vor allem Abwechslung und immer neue Herausforderungen. Cross-Training wäre für Sie ideal, denn die Kombination verschiedener Sportarten ist besonders kurzweilig. Im Studio eignen sich dafür Laufband, Ergometer und Ellipsentrainer. Beim Training in freier Natur ist die klassische Triathlon-Kombination von Schwimmen, Radfahren und Laufen empfehlenswert.
Wenn Sie Lust auf Neues haben: Extreme Leistungsanforderungen stellen Spinning, das Radrennen auf der Stelle, und Tae Bo, das Box-Aerobic.
Obwohl Sie gut trainiert sind: Überfordern Sie sich beim Training nicht. Alles mit Maß und Ziel, lautet die Devise.

B

Ihnen geht es wie vielen Frauen. Sie haben sich zwar hin und wieder sportlich betätigt, dann aber aus Zeitmangel aufgehört und finden nun den Einstieg nicht mehr. Ihr schlechtes Gewissen plagt Sie ebenso häufig wie Kopf- oder Rückenschmerzen, und die Lieblinghose kneift. Höchste Zeit, mit dem Training wieder anzufangen.
Sie wollen etwas für Ihre Gesundheit tun, dabei aber auch Spaß haben: Walking oder leichtes Jogging sind für den Anfang ideal. Damit kommen Sie schnell wieder in Schwung und bauen Kondition auf. Nach einiger Zeit können Sie auf Inline-Skating oder Radfahren umsteigen, vorausgesetzt, Sie möchten das Geld für die Ausrüstung investieren. Fürs Indoor-Training bieten sich Cardio-Geräte wie Laufband, Ergometer oder Ellipsentrainer an: Sie bringen Ihr Herz bei jedem Wetter auf Trab.
Der Spaß am Training ist Ihnen von Anfang an sicher, wenn Sie sich an die Empfehlungen für Einsteiger halten: Langsam beginnen und langsam steigern.

C

Dass es um Ihre Fitness nicht gerade gut bestellt ist, haben Sie sicher schon selbst bemerkt. Ihr Terminkalender ist immer voll, der Zeiger der Waage klettert stetig nach oben, Rücken und Gelenke schmerzen immer häufiger.
Ein guter Einstieg in die sportliche Betätigung wäre Walking. Das ist einfach, kostet fast nichts und lässt sich überall und zu jeder Zeit machen. Zusätzlicher Vorteil: Die Gelenke werden geschont und die Fettverbrennung wird angekurbelt. Bei regelmäßigem Training schlagen Sie zwei Fliegen mit einer Klappe: Sie tun etwas für Fitness **und** Figur. Walking ist Ihnen zu langsam? Dann legen Sie einfach einen Zahn zu und joggen, vorzugsweise auf weichen Wald- oder Feldwegen.
Wer sich im feuchten Element wohl fühlt, für den ist Schwimmen das Ausdauer-Training der Wahl. In der Gruppe trainieren können Sie zum Beispiel beim Aqua-Jogging. Es ist nicht so anstrengend wie normales Jogging und deshalb auch für Einsteiger sehr gut geeignet.
Für Sie kommt es vor allem darauf an, wieder einen Einstieg zu finden. Sie sollten lieber kürzer, dafür öfter und regelmäßig trainieren.

Kondition aufbauen

SIE HABEN DIE PASSENDE SPORTART GEFUNDEN? DANN KANN'S LOSGEHEN. IN DIESEM KAPITEL ERFAHREN SIE ALLES ÜBER DIE BESTEN AUSDAUER-SPORTARTEN FÜR DRINNEN UND DRAUSSEN. DAZU: TRAININGSVORSCHLÄGE FÜR EINSTEIGER SOWIE FORTGESCHRITTENE UND TIPPS RUND UMS OUTFIT.

Sie haben den Test gemacht, wollen sich aber nicht gleich auf eine Sportart festlegen? Beginnen Sie mit der Sportart, die Sie am meisten anspricht und die zu Ihren Bedürfnissen am besten passt, bis Sie sich in Technik und Ausführung sicher fühlen. Später können Sie dann auch andere Sportarten ausprobieren oder mehrere miteinander kombinieren. Das erhöht den Trainingseffekt, sorgt für Abwechslung und steigert die Motivation.

Egal, wofür Sie sich entscheiden, jedes Training sollte so aufgebaut sein: Sie starten mit 5–10 Minuten Warm-up, also mit lockerem Gehen, Laufen, Radeln usw.

Nach dieser Aufwärm- oder Warm-up-Phase können Sie die Hauptmuskelgruppen dehnen (Übungen siehe Seite 40/41). Nach den neuesten Erkenntnissen der Sportwissenschaft sollte das Dehnen als Vorbereitung auf eine aktive Leistung, wie das Laufen, auch aktiv geschehen. Man nennt dies dynamische Dehnung.

Konkret: Bei den Übungen werden an der Dehngrenze 5–6 kleine, kontrollierte Bewegungsimpulse durch sanftes Nachschieben gegeben.

Jetzt können Sie mit dem eigentlichen Training beginnen. Je nach Zielsetzung und Fitness-Level dauert das 10–60 Minuten, die errechnete Herzfrequenz sollte dabei nicht überschritten werden.

Danach folgt das Abwärmen oder der Cool-down, eine Phase, in der Sie die Belastung langsam ausklingen lassen. Wie zu Beginn des Trainings sind dies, je nach Sportart, 5–10 Minuten lockeres Gehen, Laufen oder Rad fahren. Nach dem Cool-down dehnen Sie die Muskeln nochmals als Abschluss des Trainings. Dies sollte wieder dynamisch geschehen, um eine optimale Durchblutung der Muskulatur zu gewährleisten. So verbessern Sie nicht nur Ihre Ausdauer, sondern auch Ihre Beweglichkeit.

Walking – Sanftes für Einsteiger

Auf einfache Weise wieder fit werden und fit bleiben, mit Spaß und ohne Stress, draußen in freier Natur – das ist Walking. Selbst Sport-Muffel laufen beim bewussten Gehen mühelos zur Topform auf, denn gehen kann jeder und das fast überall. Weiche Park- und Waldwege sind ideal. Aber auch auf Asphalt und anderen festen Wegen ist Walking kein Problem. Je nach persönlicher Leistungsfähigkeit bestimmen Sie Dauer und Intensität der Belastung selbst. Überfordern Sie sich nicht: Vor allem am Anfang sollte die Freude an der Bewegung im Vorder - grund stehen. Verabreden Sie sich doch das nächste Mal mit Ihrer Freundin zum bewegten Plausch im Park.

Walking – die Technik macht's

- Gehen in flottem Tempo.
- Füße abrollen.

Die Ferse des vorderen Fußes bei leicht gebeugtem Knie aufsetzen, den Fuß abrollen. Der hintere Fuß drückt mit dem Ballen ab. Das gibt Tempo und kräftigt die hintere Beinmuskulatur.

- Beckenstellung stabilisieren.

Den Po weder einziehen noch rausstrecken (kein Hohlkreuz). Das Becken bleibt in der Mittelstellung.

- Brustbein heben.

Richten Sie den Oberkörper so auf, dass sich die Bauchmuskeln der Länge nach spannen. Das stabilisiert den unteren Rücken.

- Schultern senken.

Verankern Sie die Schulterblätter außen und unten im Rücken ohne sie zusammenzuziehen, die Schultern bleiben tief.

- Halswirbelsäule verlängern.

Richten Sie sich vom Scheitelpunkt des Kopfes nach oben auf, so als würden Sie etwas auf dem Kopf balancieren. Der Blick ruht 4–5 Meter vor Ihnen auf der Wegstrecke.

- Arme anwinkeln.

Beugen Sie die Arme rechtwinklig, die Hände sind locker, die Handflächen zeigen leicht nach innen oder oben.

Schwingen Sie die Arme beim Walken gegengleich zu den Beinen seitlich neben dem Körper mit.

- Atemrhythmus finden.

Atmen Sie gleichmäßig durch die Nase ein und aus, bei größerer Anstrengung durch den Mund.

Fortgeschrittene können mit kleinen Hanteln (0,5 kg) walken. Das kräftigt die Arme.

Die passende Ausrüstung

Richtige Schuhe sind das A und O. Empfehlenswert sind spezielle Walking-Schuhe. Ihr leicht abgeschrägter Absatz unterstützt die Abrollbewegung des Fußes. Für die Abdrückbewegung ist der Walking-Schuh im Zehenbereich besonders flexibel gestaltet und gut gefedert. Walking-Schuhe dürfen eine Nummer größer sein als Straßenschuhe. So hat der Fuß genügend Bewegungsfreiheit und es gibt keine Druckstellen. Zur Anprobe gehen Sie am besten nachmittags, wenn die Füße schon etwas aufgelaufen sind.

Die Kleidung sollte bequem, funktionell sowie atmungsaktiv sein und vor Regen oder starker Sonneneinstrahlung schützen.

Ein Herzfrequenz-Messgerät ist eine wünschenswerte Anschaffung, aber kein Muss. Es ist vor allem am Anfang hilfreich, wenn man seine objektive Belastungsgrenze erst noch finden muss.

Die optimale Herzfrequenz für Einsteiger

Woche	1–4	5–8	9–12
Fettverbrennungszone	50 % MHF	50 % MHF	50–60 % MHF
Gesundheitszone	60 % MHF	60 % MHF	60–70 % MHF
Trainingsdauer (min)	15–30	30–45	30–60
Einheiten pro Woche	2	2–3	3–4

Die optimale Herzfrequenz für Geübte

Woche	1–4	5–8	9–12
Fettverbrennungszone	50–60 % MHF	50–60 % MHF	50–60 % MHF
Gesundheitszone	60–70 % MHF	60–70 % MHF	60–70 % MHF
Aerobe Zone MH	70 % MHF	70–80 % MHF	70–80 % MHF
Trainingsdauer (Min)	20–45	30–45	45–60 u. länger
Einheiten pro Woche	2	2–3	3–4

Jogging – laufend zur Hochform

Wer regelmäßig joggt, tut nicht nur seinem Körper viel Gutes. Auch die Psyche profitiert davon. Die Stresstoleranz steigt. Und selbst Angstzuständen und Stimmungstiefs kann man förmlich davonlaufen. Verabschieden Sie sich von dem Vorurteil, dass Laufen anstrengend sein muss. Entdecken Sie die Langsamkeit: Am Anfang Ihres Trainings können Sie Geh- und Laufintervalle miteinander kombinieren. Wenn Sie Ihre Strecke lieber laufend zurücklegen, tun Sie's gemächlich. So bekommen Sie immer genügend Luft und Ihr Körper tankt Sauerstoff: 8-mal mehr als beim Fernsehen. Die milde Intensität der Belastung kurbelt den Fettstoffwechsel an, Muskeln werden auf- und Fett abgebaut.

Run mit Fun!

Setzen Sie Ihre guten Vorsätze noch heute um. Schluss mit den Ausreden: Turnschuhe an und raus!

Ebene Feld-, Wald- und Wiesenwege sind für Anfänger am besten geeignet. Wenn Sie schon etwas Trainingserfahrung haben, können Sie sich auch asphaltierte Straßen oder hügelige Strecken zumuten.

Ideal für Anfänger: Starten sie mit Laufintervallen – dabei wechseln Gehen und lockeres Traben miteinander ab. Oder Sie wählen nur eine kurze Strecke, die Sie dann aber ganz durchlaufen. Für beide Möglichkeiten finden Sie Trainingsvorschläge (siehe Seite 27 /28).

Fortgeschrittene steigern zunächst die Dauer des Laufens, dann die Häufigkeit und zum Schluss erst das Tempo. Wichtig: immer auf eine gleichmäßige Atmung achten. Als Faustregel gilt: Wenn Sie 3–4 Laufschritte lang einatmen und etwa genauso lang ausatmen können, liegen Sie für das Fettstoffwechsel- und Herz-Kreislauf-Training genau richtig.

Egal, ob Anfängerin oder Fortgeschrittene: Kontrollieren Sie zwischendurch immer wieder Ihre Herzfrequenz. Ist sie zu hoch – einen Gang runterschalten. Beginnen Sie jeden Lauf mit mindestens 5–10 Minuten zügigem Gehen. Wer möchte, kann vor und nach dem Laufen die Hauptmuskelgruppen dehnen (siehe Seite 40/41).

Laufen Sie regelmäßig 2- bis 3-mal die Woche. Gönnen Sie sich dazwischen jeweils einen Tag Pause, damit sich der Körper wieder regenerieren und neue Energiereserven aufbauen kann.

Auf das richtige Tempo kommt es an: Laufen Sie lieber etwas langsamer als zu schnell.

Das Laufprogramm für Einsteiger

Vorschlag 1

Zunächst wechseln Sie im Ein-Minuten-Rhythmus zwischen zügigem Gehen (G) und lockerem Laufen (L) ab. Mit der Zeit reduzieren Sie die Gehpausen. Nach etwa 8 Wochen sind Sie in der Lage, 20 Minuten ununterbrochen zu joggen. Achten Sie auch hier immer auf Ihre Herzfrequenz: Sie sollte 60–70 Prozent der maximalen Herzfrequenz nicht überschreiten.

Vorschlag 2

Sind Sie einmal in Gang, möchten Sie es auch bleiben und nicht durch Gehintervalle unterbrochen werden. Ihre Strategie: Sie beginnen mit 5–10 Minuten zügigem Gehen. Anschließend dehnen. Dann so langsam laufen, dass Sie 5–10 Minuten locker durchhalten. Schaffen Sie das nicht auf Anhieb, sollten Sie das Tempo so weit verringern, bis Sie locker laufen können, ohne aus der Puste zu kommen. Sie haben das Gefühl, auf der Stelle zu treten? Lassen Sie sich nicht irritieren – es ist das richtige Tempo für Anfänger. Wenn Sie am Ball bleiben, werden Sie schon bald feststellen, dass sich die Steigerung von

So laufen Sie richtig

- Die Schritte nicht zu groß machen, Füße parallel zur Laufrichtung aufsetzen.
- Den Oberkörper aufrecht, in leichter Vorlage halten.
- Den Kopf aufrecht halten und den Blick auf den Boden richten.
- Die Schultern nicht hochziehen, sondern locker sinken lassen.
- Die Arme im Ellenbogen etwa 90 Grad anwinkeln und neben dem Körper gegengleich zu den Beinen mitschwingen.

Die optimale Herzfrequenz für Einsteiger

Woche	1–4	5–8	9–12
Fettverbrennungszone	50 % MHF	50 % MHF	50–60 % MHF
Gesundheitszone	60 % MHF	60 % MHF	60–70 % MHF
Trainingsdauer (Min)	20–45	30–45	45–60 u. länger
Einheiten pro Woche	2	2–3	3–4

Intervalltraining für Einsteiger

1. Woche:	GGGGG – Dehnen – LGLGLGLGLGLGLGLGLGL – GGG – Dehnen
2. Woche:	GGGGG – Dehnen – LGLGLLGGLLGgLGLGLGLL – Dehnen
3. Woche:	GGGGG – Dehnen – LLGGLLGGLLGGLLGGLLGG – Dehnen
4. Woche:	GGGGG – Dehnen – LLLGGLLLGGLLLGGLLLGG – Dehnen
5. Woche:	GGGGG – Dehnen – LLLLGGLLLLGGLLLLGLLL – Dehnen
6. Woche:	GGGGG – Dehnen – LLLLLGLLLLLGLLLLLGLL – Dehnen
7. Woche:	GGGGG – Dehnen – LLLLLLLLLGGLLLLLLLLL – Dehnen
8. Woche:	GGGGG – Dehnen – LLLLLLLLLLLLLLLLLLLL – Dehnen

selbst ergibt. Lassen Sie den Lauf mit 5–10 Minuten Gehen ausklingen. Unterstützen Sie die Regeneration des Körpers mit Dehnübungen.

Das Laufprogramm für Geübte

Haben Sie das Laufprogramm für Einsteiger regelmäßig absolviert, können Sie Ihr Laufpensum nun allmählich steigern. Nicht vergessen: Bevor Sie loslaufen, mindestens 3 Minuten zügig gehen, dann locker traben und anschließend dehnen.
Zur Erinnerung: Ist Ihr Ziel ein Fettstoffwechseltraining, sollte der Trainingspuls 50–60 Prozent der maximalen Herzfrequenz nicht überschreiten. Haben Sie dagegen eher ein gesundheitsorientiertes Herz-Kreislauf-Training im Auge, halten Sie Ihren Belastungspuls bei 60–70 Prozent der maximalen Herzfrequenz.
Ein Training in der so genannten aeroben Zone kommt nur für sehr leistungsorientierte Sportler infrage. Die Pulsfrequenz ist ein Richtwert und sollte nicht zum Dogma werden. Abweichungen von 5–10 Pulsschlägen pro Minute liegen absolut im Toleranzbereich.

Die richtige Ausrüstung

Wie beim Walking ist auch beim Joggen der richtige Schuh die wichtigste Anschaffung. Ihr Körpergewicht und die Beschaffenheit Ihres Fußes sind ausschlaggebend beim Kauf eines Schuhs – modische Aspekte sollten bei der Entscheidung höchstens eine untergeordnete Rolle spielen. Wer zum Beispiel einen so genannten Knickfuß hat, benötigt eine stabile Fersenkappe und eine entsprechende Verstärkung der Mittelsohle. Bei extremen Fehlstellungen der Füße können auch Sporteinlagen in Betracht kommen. Achten Sie auf gut sitzende Socken, am besten aus Baumwolle und ohne Naht über den Zehen. Wer besonders empfindliche Füße hat und zu Blasen neigt, sollte in

Die optimale Herzfrequenz für Geübte

Woche	1–4	5–8	9–12
Fettverbrennungszone	50–60 % MHF	50–60 % MHF	50–60 % MHF
Gesundheitszone	60–70 % MHF	60–70 % MHF	60–70 % MHF
Aerobe Zone	70 % MHF	70–80 % MHF	70–80 % MHF
Trainingsdauer (Min)	20–45	30–45	45–60 u. länger
Einheiten pro Woche	2	2–3	3–4

Zu zweit macht Joggen noch mehr Spaß: Treffen Sie sich mit Freunden zum Run mit Fun.

den Kauf spezieller Laufsocken investieren. Sie sind an den Stellen, an denen die Füße am stärksten belastet werden, besonders weich gepolstert.

Da Joggen eine schweißtreibende Angelegenheit sein kann, sollte die Kleidung aus atmungsaktiven Kunstfasern bestehen. Das beste Hightechmaterial nützt jedoch nichts, wenn die Unterwäsche aus Baumwolle ist. Kaufen Sie deshalb Funktionsunterwäsche. Wichtig für Frauen mit größerem Busen: Tragen Sie einen Sport-BH, der Halt gibt, ohne einzuengen.

Für die Belastungskontrolle – vor allem bei Anfängern – empfiehlt sich die Anschaffung eines Herzfrequenz-Messers. Damit sehen Sie auf einen Blick, ob Sie sich in der errechneten Herzfrequenz-Zone bewegen. Aber auch ohne Gerät haben Sie die Möglichkeit einzuschätzen, ob Sie das richtige Tempo anschlagen: Solange Sie sich während des Laufens noch ohne große Mühe in kurzen Sätzen unterhalten können, bewegen Sie sich in der Fettverbrennungszone. Ist das nicht mehr möglich: Tempo drosseln.

Laufen bei Hitze

Laufen bei »normalen« oder niedrigeren Temperaturen bereitet uns körperlich meist wenig Probleme. Mit steigenden Temperaturen wird der Organismus jedoch stärker belastet. Kommt auch noch hohe Luftfeuchtigkeit dazu, verdunstet der Schweiß auf der Haut nicht mehr optimal. Die Folge: ein hoher Flüssigkeits- und Elektrolyteverlust. Die Leistung lässt nach, schlimmstenfalls kommt es zu gefährlichen Hitzeschäden. Bei Symptomen wie Schwindel oder Ohrensausen das Training sofort abbrechen, einen Schattenplatz suchen und trinken – idealerweise ein Getränk, dem Kochsalz beigemischt wurde (1 Teelöffel Salz pro Liter).

Deshalb: Bei Temperaturen über 28 Grad Celsius und hoher Luftfeuchigkeit das Tempo deutlich reduzieren und vor und während des Laufens ausreichend trinken. Klettern die Werte über die 35-Grad-Marke, sagen Sie Ihr Training ab oder hüpfen statt dessen ins kühle Nass. Schwimmen kann, besonders im Sommer, eine ideale Alternative zum Laufen sein (siehe Seite 30/31).

Erhöhte Ozonwerte

Mit den Temperaturen steigen unter bestimmten Bedingungen auch die Ozonwerte. Ozon kann Augen und Schleimhäute reizen, Kopfschmerzen oder Übelkeit verursachen. Zwischen 12 und 18 Uhr ist seine Konzentration in der Luft am höchsten. Der deutsche Sportärztebund empfiehlt deshalb, die sportliche Betätigung am besten in die frühen Morgen- oder Abendstunden zu verlegen.

Schwimmen – die Leichtigkeit des Seins

Bewegung im erfrischenden Nass hat viele Pluspunkte: Durch den Auftrieb im Wasser werden Muskeln, Wirbelsäule und Gelenke entlastet. Ein entscheidender Vorteil für alle, die übergewichtig sind oder Gelenkbeschwerden haben. Überbelastungen sind beim Schwimmen kaum möglich, deshalb haben vor allem Anfänger schnell ihr Erfolgserlebnis. Das Herz schlägt im Wasser pro Minute bis zu 10 Schläge langsamer als auf dem Trockenen. Das heißt: Sie kommen nicht so schnell außer Atem. Der Wasserdruck massiert sanft das Bindegewebe und die Lymphe kommt in Fluss – keine Chance für Cellulite.

Auf die Technik kommt es an

Das *Brustschwimmen* ist der beliebteste Schwimmstil. Häufigster Fehler: Der Kopf wird verkrampft über Wasser gehalten. Das führt zu Verspannungen und belastet die Bandscheiben. Besser: Das Gesicht in der Gleitphase auf das Wasser legen, dabei tief ausatmen. So befindet sich der Kopf in Verlängerung der Wirbelsäule, Becken und Beine werden in gleicher Höhe vom Wasser getragen.

Versuchen Sie es alternativ einmal mit *Rückenschwimmen*, auch *Kraulschwimmen in Rückenlage* genannt. Dabei werden Wirbelsäule und Nackenmuskulatur optimal entlastet und die Rückenmuskeln sanft gekräftigt. Schieben Sie das Becken dabei zur Wasseroberfläche und nehmen Sie das Kinn leicht zum Hals.

Wer vorwärts kommen will, sollte das *Kraulen* üben. Damit Sie möglichst kraftsparend durchs Wasser gleiten, ist eine gestreckte Körperhaltung nötig. Während der Zugphase des Armes wird der Körper etwas um die Längsachse gedreht. Der wechselseitige Beinschlag stabilisiert den Körper: Bewegen Sie dabei die gestreckten Beine auf und ab, nicht nur die Unterschenkel. Die Kraft kommt aus Gesäß, Hüften und Oberschenkeln.

Je leerer das Becken, desto ungestörter können Sie Ihre Bahn ziehen. Testen Sie deshalb möglichst verschiedene Tageszeiten.

Delphin- oder *Schmetterlingsschwimmen* sieht zwar sehr ästhetisch aus, erfordert aber eine gute Koordination und Kondition, belastet den Rücken und ist deshalb für Ungeübte nicht geeignet.

Schwimmprogramm für Einsteiger

Grundsätzlich haben Sie beim Schwimmen zwei Möglichkeiten: Entweder Sie trainieren nach dem Intervall-Prinzip und wechseln Schwimm- und Erholungsphasen miteinander ab, oder Sie schwimmen 5–10 Minuten am Stück, möglichst ohne Pause. Die Trainingsdauer steigern Sie mit zunehmender Kondition.

Vorschlag 1

Zu Beginn sind Schwimm- und Erholungsphase gleich lang. Als Anfänger sollten Sie eine Bahn schwimmen und dann eine aktive Pause einlegen: Machen Sie ein paar leichte Lockerungsübungen am Beckenrand wie Radfahren oder Schulterkreisen. Dann schwimmen Sie die nächste Bahn. Insgesamt 15 Minuten trainieren.

Mit zunehmender Kondition können Sie die Pausen verkürzen. Nach etwa 12 Wochen regelmäßigen Trainings halten Sie 30 Minuten am Stück durch. Wählen Sie dazu die Technik, die Sie am besten beherrschen und achten Sie während der Belastung auf Ihre Herzfrequenz (siehe Seite 16/17).

Vorschlag 2

Sie bevorzugen es, ohne Pause zu schwimmen? Dann ziehen Sie ruhig und gemächlich Ihre Bahnen. Am Anfang genügen 5 Minuten. In den nächsten Wochen verlängern Sie jedesmal um einige Minuten, bis Sie etwa 30 Minuten am Stück schwimmen können. Dann steigern Sie die Häufigkeit und zum Schluss die Geschwindigkeit. Nach etwa 12 Wochen sind Sie in der Lage, 1000 Meter zu schwimmen.

Schwimmprogramm für Geübte

Variieren Sie Intervall- und Dauerschwimmen. Verändern Sie dabei auch die Dauer der Belastung oder das Tempo. Für Abwechslung sorgen verschiedene Geräte: Das klassische *Schwimmbrett* dient der Verbesserung des Beinschlags. Mit dem *Pull boy*, einem Kunststoffbrett in Knochenform, lässt sich die Armbewegung gezielt verbessern. *Paddles* an den Händen trainieren die Armmuskulatur und erhöhen das Tempo. Beginnen Sie mit der kleinsten Größe. *Mini-Flossen* bringen mehr Power für den Beinschlag und steigern die Frequenz des Armzuges.

Die passende Ausrüstung

Badeanzug bzw. Badehose und Handtücher gehören zur Grundausstattung. Badeschuhe schützen vor Fußpilz, eine Schwimmbrille verhindert gerötete Augen. Außerdem: Nehmen Sie einen zweiten Badeanzug zum Wechseln mit, falls Sie sich länger im Schwimmbad aufhalten möchten. Mit nasser Kleidung kühlt der Körper schnell aus.

Rad fahren – strampeln gegen Stress

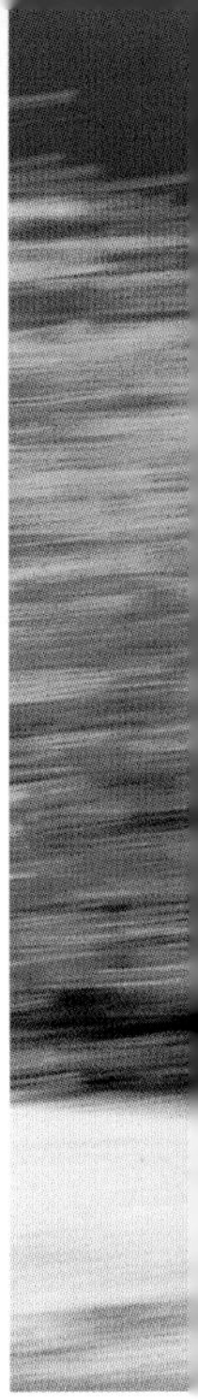

Rad fahren kommt nie aus der Mode. Im Gegenteil: Immer mehr Hobby-Radler treten regelmäßig in die Pedale. Wie bei jedem anderen Ausdauer-Sport werden auch beim Radfahren das Herz-Kreislauf-System gestärkt, der Fettstoffwechsel angekurbelt und die Beinmuskulatur gestrafft. Zusätzliches Plus: Fuß-, Knie- und Hüftgelenke werden geschont, denn sie müssen das Körpergewicht nicht tragen. Rad fahren ist ideal für alle, die lange keinen Sport gemacht oder ein paar Kilo zu viel haben. Auch die Wirbelsäule wird entlastet – vorausgesetzt die Haltung stimmt. Worauf Sie achten sollten, lesen Sie auf dieser Doppelseite.

Das Radprogramm für Einsteiger

Suchen Sie sich für den Einstieg ebenes Gelände aus. Vielleicht finden Sie sogar eine geeignete Strecke abseits stark frequentierter Straßen. Fahren Sie zunächst mit halber Kraft (50–60 Prozent der maximalen Herzfrequenz) und schalten Sie bei kleinen Steigungen sofort einen Gang runter. Atemnot? Dann sind Sie zu schnell – drosseln Sie das Tempo!
Auch beim Biken gilt: Regelmäßigkeit ist Trumpf. Radeln Sie die ersten 4 Wochen 2-mal wöchentlich 15–20 Minuten. Steigern Sie die Trainingshäufigkeit in den darauf folgenden 4 Wochen auf 3-mal wöchentlich und die Fahrdauer auf 30 Minuten. Wenn Sie das nicht mehr fordert, radeln Sie länger, öfter, schneller oder verlegen Ihre Strecke in hügeliges Gelände. Nach jeder Tour unterstützen Dehnungsübungen die Regeneration des Körpers (Übungen siehe Seite 40/41).

Das Radprogramm für Geübte

30 Minuten Radeln am Stück ist für Sie kein Problem? Immer in der richtigen Herzfrequenz und mit genügend Atem für den kleinen Plausch zwischendurch? Je nach Zielsetzung (siehe Seite 17) können Sie jetzt mit höchstens 60–70 Prozent der maximalen Herzfrequenz trainieren: Die ersten 4 Wochen 2- oder 3-mal wöchentlich 20–30 Minuten. Dann 3-mal pro Woche 30–45 Minuten, nach etwa 8 Wochen sollten Sie 60 Minuten schaffen. Das Muskeldehnen am Ende jeder Tour ist auch für Profis Pflicht (Übungen siehe Seite 40/41).

So machen Sie eine gute Figur: Halten Sie den Rücken gerade und die Schultern möglichst weit weg von den Ohren.

Die richtige Ausrüstung

Im Handel gibt es eine Vielzahl verschiedener Radtypen: Sie können zwischen Tourenrädern, Citybikes, Trekking- oder Mountainbikes und Rennrädern in allen möglichen Ausstattungsvarianten wählen. Da die Anschaffung nicht ganz billig ist, sollten Sie sich vor dem Kauf eines Rades genau überlegen, wofür Sie es nutzen wollen und können. Am besten, Sie lassen sich in einem Fahrradgeschäft professionell beraten.

Sitzposition, Vorbau, Lenker und Pedale müssen auf Ihre Körpergröße eingestellt werden können.

Für die Rahmenhöhe gilt die alte Faustregel: Rahmenhöhe gleich Beinlänge minus 25 Zentimeter. Auch der Sitz muss passen. Die Sattelfläche sollte waagrecht ausgerichtet sein. Die Sattelhöhe stimmt, wenn Sie die Ferse auf dem unteren Pedal aufstützen können und das Knie leicht gebeugt ist.

So messen Sie den richtigen Abstand zwischen Sattel und Lenker: einen Ellenbogen an die Sattelnase legen und die Finger ausstrecken. Der Abstand bis zum Lenker sollte nicht mehr als 5 Zentimeter betragen. Wer sich zu weit nach vorn beugen muss (mehr als 45 Grad), strapaziert seine Wirbelsäule unnötig. Beim Rennrad sollte der Lenkervorbau nicht tiefer als die Sattelfläche sein. Sonst geht´s ebenfalls aufs Kreuz. Eine schulterbreite Griffhaltung ist optimal. Dabei die Ellenbogen leicht anwinkeln und die Schultern weg von den Ohren. Wichtig: Vor dem Kauf eine längere Probefahrt machen.

Das richtige Outfit

Damit Sie bei Fahrtwind nicht abheben, sollte die Kleidung eng am Körper anliegen. Vorteilhaft ist es, wenn sie aus wasserabweisendem, atmungsaktivem Material ist. Eine Radlerhose mit Gesäßpolster ist auf langen Strecken ein Muss. Das Polster schützt empfindliche Haut vor dem Wundscheuern. Schuhe mit stabiler, rutschfester Sohle bieten sicheren Halt auf den Pedalen. Schutzhelme sind zwar nicht besonders schön, aber aus Sicherheitsgründen Pflicht. Auf längeren Touren außerdem sinnvoll: Handschuhe und Wasserflasche.

Inline-Skating – Fitness auf Rollen

Der Boom scheint kein Ende zu nehmen. Ob Jung oder Alt – immer mehr Menschen zieht es auf die Rollen. Dafür gibt es viele Gründe: Durch die fließenden Bewegungsabläufe werden Muskeln, Bänder und Gelenke nicht überfordert. Für frisch gebackene Mütter kann Skaten zur idealen Ergänzung der herkömmlichen Rückbildungsgymnastik werden, denn dabei wird neben der Bein- und Gesäßmuskulatur der Beckenboden auf sanfte Weise gekräftigt. Und: Skaten ist ein idealer Fatburner. Darüber hinaus verbessert es Kraft und Ausdauer, Gleichgewichtsgefühl und Koordination. Damit das Skaten von Anfang an Spaß macht, hier ein paar Tipps zur Praxis.

Do's

Zu Ihrer eigenen Sicherheit: Tragen Sie immer die vollständige Schutzausrüstung. Dazu gehören Helm, Hand-, Knie- und Ellenbogenschützer. Anfänger sollten einen Inline-Skating-Kurs besuchen. Hier lernen sie, wie man am besten fällt, sicher fährt, bremst und ausweicht.

Don'ts

Der »Bürgersteig-Knigge« ist ein ungeschriebenes Gesetz und sollte von allen Skatern beachtet werden: Fahren Sie nicht schneller, als Sie bremsen können, nehmen Sie Rücksicht auf Fußgänger, sie haben im Zweifelsfall Vorfahrt. Auf öffentlichen Straßen oder reinen Radwegen haben Skater nichts verloren.

Wer sich nicht fit fühlt, sollte aufs Skaten verzichten. Bei angeschlagener Gesundheit gefährden Sie sich und andere. Last but not least: Überschätzen Sie sich nicht!

Die richtige Ausrüstung

Damit der Spaß am Skaten nicht gleich auf der Strecke bleibt, brauchen Sie gute Schuhe, und die sind nicht ganz billig. Rund 300 DM müssen Sie dafür ausgeben. Natürlich gibt es auch Billigprodukte. Doch die weisen oft technische Mängel auf und gefährden Ihre Sicherheit.

Kaufen Sie die Schuhe nicht zu groß, denn die Polsterung wird mit der Zeit etwas zusammengedrückt. Die Ferse muss fest im Schuh sitzen, sie darf kein Spiel haben. Achten Sie – vor allem als Einsteiger – auf einen guten seitlichen Halt und auf einen Schaft, der nach vorn flexibel ist.

Beim Inline-Skaten sollte man unbedingt die komplette Schutzausrüstung tragen. Das gilt auch für Profis.

Es gibt Hard- und Softboots. Softboots mit weichem Schaft sind sehr angenehm am Fuß, denn das weiche Material lässt mehr Bewegungsfreiheit als ein Hardboot, gibt dem Fuß aber dennoch genügend Halt.
Anfänger sollten kleine (bis 76 mm), weiche Rollen wählen, sie sind standsicher und rollen langsam. Härtere Rollen (ab 82 mm) haben einen geringeren Rollwiderstand, das Tempo wird deutlich schneller – sie eignen sich nur für Fortgeschrittene. Sprechen Sie vor dem Kauf mit Skate-Freunden aus dem Bekanntenkreis über deren Erfahrungen und lassen Sie sich im Fachhandel ausführlich beraten.

Das Inline-Programm für Einsteiger

Sie haben einen Anfänger-Kurs absolviert, können sicher fahren und bremsen? Dann steht einem leichten Ausdauer-Training auf Skates nichts mehr im Weg.

Suchen Sie sich eine gut ausgebaute Roll-Strecke mit wenig Fußgängern und Ampeln. Beginnen Sie in den ersten 4 Wochen mit je 2 Trainingsläufen von 15–20 Minuten bei 50–60 Prozent der maximalen Herzfrequenz. In den darauf folgenden 4 Wochen erhöhen Sie auf 3 Termine wöchentlich und 30 Minuten Fahrdauer. Nach 8 Wochen rollen Sie langsam, aber stetig auf 60 Minuten zu.
Dehnübungen am Schluss helfen Ihnen, langsam zur Ruhe zu kommen (Übungen siehe Seite 40/41).

Das Inline-Programm für Fortgeschrittene

Je nach Zielsetzung (siehe Seite 17) können Sie jetzt mit höchstens 60–70 Prozent der maximalen Herzfrequenz trainieren. Das heißt: Sie erhöhen das Tempo. Die ersten 4 Wochen laufen Sie 2- bis 3-mal wöchentlich 20–30 Minuten. Dann 3-mal pro Woche 30–45 Minuten. Nach 8 Wochen dürfen es 60 Minuten sein. Muskeldehnungen unterstützen den Körper aktiv bei der Erholung nach einer anstrengenden Tour (Übungen siehe Seite 40/41).

Ausdauer-Training im **Studio**

Bei schlechtem Wetter oder mit Beginn der kalten Jahreszeit bleibt so mancher Trainingsvorsatz auf der Strecke. Das muss nicht sein! Denn inzwischen sind auch viele Fitness-Studios mit Geräten für Herz- und Kreislauf-Training ausgestattet. Die so genannten Cardio-Geräte sind ideal fürs Fettverbrennungs- oder Ausdauer-Training. Und neue Fitness-Trends, wie beispielsweise Spinning, kombinieren Aktivität mit Spaß und Motivation durch Gruppe und Trainer.

Egal, für welches Trainingsgerät Sie sich entscheiden: Legen Sie zunächst Ihr Trainingsziel fest. Möchten Sie das Fett zum Schmelzen bringen, trainieren Sie mit 50–60 Prozent der maximalen Herzfrequenz. Wollen Sie dagegen Ihre Herz-Kreislauf-Leistung verbessern, sind 60–70 Prozent der maximalen Herzfrequenz richtig. Was Häufigkeit und Dauer anbelangt, halten Sie sich an die Empfehlung fürs Walking (siehe Seite 24/25).
Wie immer können Sie nach dem Auf- und Abwärmen Dehnungsübungen machen (siehe Seite 40/41).
Der Vorteil von Geräten: Sie können Ihr Tempo selbst bestimmen und die meisten Geräte liefern Ihnen die wichtigsten Daten, wie Pulsfrequenz, Zeit und Belastungsintensität auf einen Blick. Lassen Sie sich von einer/einem ausgebildeten Trainerin/Trainer beraten. Kompetente Anleitung bekommen Sie zum Beispiel von staatlich geprüften Gymnastiklehrern, diplomierten Sportlehrern oder Sportwissenschaftlern mit Zusatzqualifikation.

Laufband

Laufbänder der neuen Generation werden elektrisch angetrieben, laufen dadurch schön gleichmäßig und sind mit Handläufen ausgestattet. Besonders am Anfang wichtig: die Stopptaste. Damit können Sie sofort anhalten, wenn Sie aus

Radrennen auf der Stelle: Spinning heißt der neue Trend.

dem Tritt kommen. Gehen Sie zu Beginn langsam und halten Sie sich an den Handläufen fest. Wenn Sie sich an das neue Gefühl unter Ihren Füßen gewöhnt haben, können Sie die Handläufe loslassen und mit Walking oder leichtem Laufen beginnen. So ist's richtig: Oberkörper und Kopf aufrecht, Blick nach vorn gerichtet, Schultern nach hinten und unten, Füße parallel, Knie leicht gebeugt. Immer zuerst weich mit der Ferse aufsetzen. Dann über die ganze Sohle abrollen und mit dem Ballen kräftig abstoßen. Arme locker mitschwingen lassen.

Ellipsentrainer

Neben der Ausdauer werden vor allem Bein-, Gesäß- , Schulter- und Armmuskulatur trainiert. Anfänger konzentrieren sich zunächst nur auf die ellipsenförmige Stepbewegung der Beine. Wichtig: Die Füße sollten mit der ganzen Sohle Pedalkontakt haben. Die Knie zeigen immer nach vorn. Der Oberkörper ist aufrecht, das Brustbein angehoben. Ziehen Sie die Schultern nach hinten unten. Halten Sie sich locker an den Griffen fest, die Handgelenke sind gerade, die Ellenbogen leicht gebeugt.

Fahrrad

Rad fahren kann jeder. Deshalb ist es auch das beliebteste Ausdauergerät für Einsteiger. Worauf Sie achten müssen: Besonders wichtig ist eine korrekte Sattelhöhe. Das Knie darf bei ausgestrecktem Bein nicht ganz durchgedrückt, aber auch nicht zu stark gebeugt sein. Am besten treten Sie mit dem Fußballen und beugen und strecken dabei das Sprunggelenk intensiv. Der Oberkörper ist aufrecht, der Nacken lang und der Blick nach vorn gerichtet. Die Kraft kommt aus den Beinen. Wird der Widerstand zu groß, einen Gang runterschalten.

Spinning

Das Radrennen im Studio ist inzwischen fester Bestandteil vieler Fitness-Clubs. Immer mehr Gruppen radeln auf der Stelle. Auf speziellen Standrädern wird unter Anleitung eines Trainers und bei fetziger Musik ordentlich in die Pedale getreten. Der Widerstand der Räder lässt sich stufenlos verstellen, das vermittelt das Gefühl bergauf oder bergab zu fahren. Jeder kann das Tempo selbst bestimmen. Doch Vorsicht: Besonders Anfänger überfordern sich im Eifer des Gefechts. Nur wer seine Grenzen kennt und respektiert, sollte seine Ausdauer in der Gruppe trainieren.

Action-Fitness mit **Tae-Bo®**

Aerobic erlebt ein Comeback in immer neuen Varianten. Eine davon ist Tae-Bo-Aerobic. Das Powerprogramm kombiniert Boxelemente mit Übungen aus Aerobic und Selbstverteidigung. Wichtig: Bauch- und Pomuskeln gut anspannen. Einsteiger üben zunächst ohne Musik, jede Übung 8-mal pro Seite, insgesamt 3 Durchgänge. Fortgeschrittene üben mit 16–24 Wiederholungen pro Seite und 3–4 Durchgängen. Zwischen den Übungen 2–3 Minuten walken.

1)

Walking

Zum Warm-up, als Verschnaufpause zwischendurch und zum Cool-down am Ende. Zügig auf der Stelle gehen, Füße gut abrollen und Knie leicht gebeugt lassen. Oberkörper aufrichten, Arme anwinkeln und kraftvoll neben dem Körper mitschwingen. Zum Aufwärmen 5–10 Min. walken, ansonsten 2–3 Min.

(2

Knee-up

Füße hüftweit, Oberkörper aufrecht, Bauch- und Pomuskeln leicht gespannt. Im Einatmen Arme mit geballten Fäusten nach oben über den Kopf strecken und gleichzeitig das linke Bein nach hinten strecken. Die Fußspitze berührt dabei den Boden. Beim Ausatmen das linke Knie auf Hüfthöhe nach vorn heben und Ellenbogen zu den Knien ziehen. Und wieder zurück in die Ausgangsposition.

3)

Punch-Across

Aufrecht stehen, linkes Bein vor dem rechten. Arme angewinkelt und Fäuste eng am Körper. Beim Ausatmen rechten Arm nach vorn punchen, dabei die rechte Hüfte etwas nach links, die rechte Ferse nach rechts drehen. Und wieder zurück in die Ausgangsposition.

4)

Hook

Beine hüftweit, Arme wie zur Abwehr vor dem Körper. Hände auf Kopfhöhe ballen. Mit dem rechten Bein einen Schritt seitlich nach hinten machen, gleichzeitig den rechten Arm im 90-Grad-Winkel vor den Körper nehmen. Punch nach vorn. Und wieder zurück in die Ausgangsposition.

(5

Side-Kick

Beine hüftweit, Knie gebeugt. Arme vor dem Körper anwinkeln, Fäuste ballen. Mit dem rechten Bein einen Kick zur Seite machen, dabei die Fußspitze heranziehen und die Ferse nach vorn schieben. Einsteiger probieren den Kick am besten zuerst nach unten, dann auf Hüfthöhe. Fortgeschrittene können das Bein auf Schulterhöhe kicken.

6)

Back-Kick

Füße hüftweit, Knie leicht gebeugt. Arme angewinkelt vor dem Körper. Das Gewicht auf das linke Bein verlagern, Oberkörper nach vorn lehnen und mit dem rechten Bein kraftvoll nach hinten kicken: zuerst nach unten, dann auf Hüfthöhe. Zurück in die Ausgangsstellung.

Gut kombiniert: **Ausdauer und Beweglichkeit**

Jedes Training endet mit einem Cool-down, etwa 5–10 Minuten lockerem Gehen oder Laufen und sanften Dehnübungen. Sie erhalten die Beweglichkeit und unterstützen die Regeneration von Körper und Geist. Wichtig: Gehen Sie langsam in die Dehnung, halten Sie die Position 10–90 Sekunden und atmen Sie ruhig und gleichmäßig weiter. Wechseln Sie dann die Seite. Je intensiver die Belastung war, desto behutsamer wird gedehnt.

1) **OBERSCHENKEL HINTEN**
Füße hüftweit, einen Fuß auf einen Hocker stellen. Brustkorb heben, Schultern senken. Becken leicht kippen, so als wollten Sie sich nach hinten setzen. Oberkörper gestreckt nach vorn neigen. An der Dehngrenze das Becken vom Steißbein aus 5- bis 6-mal weiter nach hinten schieben. Standbein dabei leicht beugen.

2) **OBERSCHENKEL VORN**
Füße hüftweit. Stützen Sie sich an einer Wand ab. Das rechte Bein nach vorn anheben, mit der rechten Hand das Fußgelenk fassen. Das gebeugte Bein nach hinten führen.
Wichtig: Etwa 15 Zentimeter Abstand zwischen Fuß und Becken lassen, sonst ist die Kniebelastung zu groß. Der Oberkörper ist aufrecht, die Hüfte gestreckt und die Bauchmuskulatur leicht gespannt. An der Dehngrenze die Hüfte 5- bis 6-mal weiter strecken, dabei das Steißbein nach vorn schieben.

3) Oberschenkel innen

Große Grätsche, rechtes Bein gebeugt, Knie über dem Fußgelenk, die Hände stützen sich am Oberschenkel ab. Der Oberkörper ist nach vorn geneigt, der Brustkorb aufgerichtet. Das linke Bein ist gestreckt und leicht nach außen gedreht. Die Ferse berührt den Boden. Becken 5- bis 6-mal weiter zur Seite schieben.

4) Wadenbereich

Große Schrittstellung, den Körper vorn abstützen. Das vordere Knie ist leicht gebeugt und über der Fußmitte. Das hintere Knie ist in der ersten Position gestreckt, in der zweiten Position gebeugt, die Ferse bleibt am Boden. Wichtig: Die Fußspitze zeigt genau nach vorn. An der Dehngrenze Becken 5- bis 6-mal weiter nach vorn schieben.

Gesäss (5

An einer Wand abstützen, Füße hüftweit. Den rechten Unterschenkel eine Handbreit über dem Fußgelenk auf den linken Oberschenkel legen. Linkes Bein beugen und Becken nach hinten schieben, als wollten Sie sich setzen. Gleichzeitig Oberkörper nach vorn neigen und Brustkorb aufrichten. Becken vom Steißbein aus 5- bis 6-mal weiter nach hinten schieben.

6) Brustkorb vorn

Aufrecht stehen, Oberkörper in leichter Vorlage, Knie gebeugt. Bauch- und Gesäßmuskeln leicht spannen. Arme langsam nach oben außen führen. Die Handflächen zeigen nach oben und die Fingerspitzen nach außen. Die Schultern senken und den Kopf aufrecht halten. An der Dehngrenze Arme 5- bis 6-mal sanft nach hinten schieben.

Kraft-Ausdauer-Training von Kopf bis Fuß: Für eine **Top-Figur**, **perfekte Körperhaltung** und **flexible Muskeln** •
Mit dem **Fitness-Check** Kraft und Beweglichkeit testen •

Body-*Styling*

Die Figur modellieren mit **INDIVIDUELLEN PROGRAMMEN** •

Zusätzlich: Spezielle **TRAININGSTIPPS** von A – Z

Gesucht & gefunden

Was Sie schon immer wissen wollten:

Rückenprobleme?
Gibt Ihr Arzt grünes Licht für ein dosiertes Bewegungs-Training, starten Sie behutsam mit den Übungen für Rücken, Bauch, Beine und Gesäß. Nicht bis zur Schmerzgrenze gehen!

seite 67 – 87

Wabbelige Oberarme – was hilft?

seite 92, 93

Kräftigungsübungen für die Armrück- und -vorderseite im Verhältnis 2:1. Das kräftigt den Armstrecker (Trizeps), der im Alltag wenig aktiviert wird.

Kraft ohne Muskelpakete – geht das?
Hier ist Kraft-Ausdauer-Training ideal: Es kombiniert Fettab- und Muskelaufbau. Wichtig: mittlere Belastungsintensität, häufige Wiederholungen, kurze Pausen.

seite 56 – 59

Wann sieht man erste Erfolge?

seite 52, 54

Das hängt von Ihrem Fitness-Level ab. Je untrainierter Sie sind, desto schneller reagiert die Muskulatur. Nach 8–12 Wochen sind die Ergebnisse messbar!

Kann ich etwas falsch machen?
Ja: sich überfordern. Sie sind dann nicht mehr in der Lage, eine Übung exakt auszuführen. Der Atem stockt, die Muskeln »brennen«. Deshalb: Lieber mit wenigen Wiederholungen und Durchgängen beginnen.

seite 56, 57

Flacher Bauch – wie geht's?

seite 15, 77

Hier hilft nur dosiertes Ausdauertraining im Fettverbrennungsbereich. Wie's geht, steht im ersten Kapitel. Zusätzlich machen Sie Kräftigungsübungen für die Bauchmuskeln, das strafft.

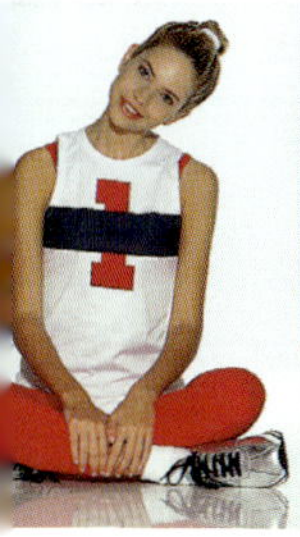
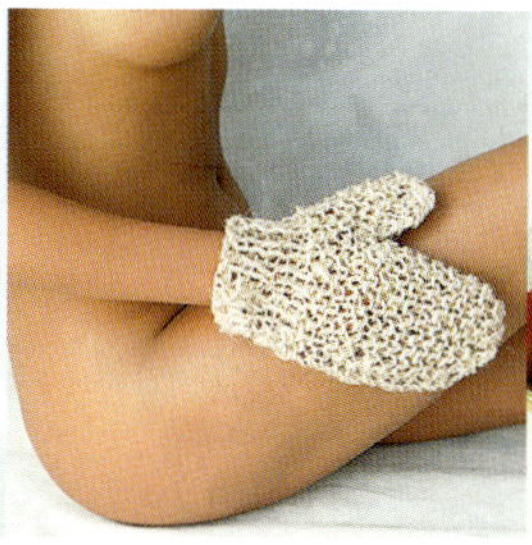

ANTWORTEN AUF IHRE FRAGEN

Was hilft gegen Cellulite?

Sanftes Ausdauer-Training in der Fettverbrennungs-Zone wirkt Orangenhaut entgegen. Unterstützend: Kraft-Ausdauer-Training für die Problemzonen und eine Umstellung auf fettarme und vitalstoffreiche Vollwertkost.

seite 15, 67

Welche Übungen während der Schwangerschaft?

seite 67 – 87

Etwa ab der 25. Woche sind Übungen in Rückenlage tabu. Kräftigen Sie die schräg und quer laufende Bauchmuskulatur, Rücken, Bein- und Gesäßmuskeln. Nur sanft dehnen!

Kann ich mit Gymnastik abnehmen?

Jein – sanfte Kräftigungsübungen bauen schlanke Muskeln auf, das erhöht zwar den Grundumsatz, reicht aber noch nicht zum Abnehmen. Zuätzlich unbedingt Ausdauer-Training machen.

seite 15, 56

Schlechte Haltung – was hilft?

seite 67 – 87

Tun Sie etwas für Ihre Rumpfmuskeln – sie sollten kräftig und flexibel sein. Deshalb: Zuerst Rücken und Bauch trainieren, dann Beine und Po.

Worauf müssen Anfänger achten?

Langsam beginnen, wenig Übungen, korrekte Ausführung, regelmäßig trainieren, Pausen einlegen. Hören Sie auf Ihren Körper – er sagt Ihnen, was richtig ist.

seite 56, 57

Worauf muss ich bei den Übungen achten?

seite 62, 63

Absolut wichtig: Exakte Ausgangsstellung, korrekte Ausführung. So geht's: Beckenboden aktivieren, Wirbelsäule aufrichten, Brustbein heben und Schultern senken.

0.75KG
Life Gym Wear

Kraft-Ausdauer-Training für einen super Body

KRAFT-AUSDAUER-TRAINING BAUT SCHLAFFE MUSKELN AUF, BESCHLEUNIGT DEN FETTABBAU UND MODELLIERT SANFT PROBLEMZONEN. WIE SIE IHREN KÖRPER GEZIELT IN FORM BRINGEN, DIE HALTUNG VERBESSERN UND EIN NEUES KÖRPERGEFÜHL ENTWICKELN, ERFAHREN SIE IN DIESEM KAPITEL.

Wohlgeformte Beine, schmale Taille, straffer Bauch: Die gängigen Schönheitsideale stellen hohe Ansprüche an unser Äußeres. Wenn Sie etwas für Ihre Figur tun wollen, liegen Sie mit Kraft-Ausdauer-Training absolut richtig. Doch auch die besten Übungen vollbringen keine Wunder. Unser Körperbau ist genetisch vorprogrammiert und kann nicht grundlegend verändert werden. Wenn Sie von Natur aus ein eher breites Becken haben, bleibt das auch so. Deshalb: Setzen Sie sich realistische Ziele. Was Sie tun können? Ihre Muskeln gezielt straffen und die Fettzellen »kurz« halten. Ein ausgewogenes Training belohnt Sie außerdem mit einem neuen Körpergefühl. Davon profitiert auch die Seele – und Schönheit kommt bekanntlich von innen.

Bewegungsmangel und seine Folgen

Schon ab dem 30. Lebensjahr verliert die Muskulatur ohne Bewegungsreiz an Masse. Wo vorher Muskeln waren, breitet sich Fettgewebe aus. Es entsteht das, was Frauen gern als »Problemzonen« bezeichnen. Für mehr Fülle prädestiniert sind die Stellen, wo es viele Fettzellen gibt: Bauch, Gesäß und Oberschenkel. Dass bei Frauen auch die Oberarme häufig schlappmachen, hat weniger mit Mutter Natur zu tun als vielmehr damit, dass Frauen diese Muskelgruppen im Alltag nicht so oft einsetzen wie Männer. Das ist einerseits zwar sinnvoll, denn schweres Heben und Tragen kann sich ungünstig auf den Beckenboden auswirken. Andererseits verkümmern so die Muskeln und machen Platz für unliebsame Fettzellen. Ergebnis: Der Bauch

Kraft-Ausdauer-Training für einen

wächst, die Hüften werden breit, Beine und Gang schwerfällig. Cellulite, die hässliche Orangenhaut, hat leichtes Spiel. Denn Bewegungsmangel, Übergewicht und falsche Ernährung sind entscheidend an ihrer Entstehung beteiligt. Bei fehlender Bewegung wird die Muskulatur schlaff, der Energieumsatz sinkt, der Fettstoffwechsel schaltet auf Sparflamme. Der Körper ist nicht optimal durchblutet, giftige Stoffwechselprodukte werden nur langsam abgebaut und lagern sich unter anderem in den Fettzellen ein. Der häufigste Grund für die Entstehung von Problemzonen ist deshalb eine ungünstige Energiebilanz. Im Klartext heißt das: Sie nehmen mehr Kalorien auf als Sie verbrauchen. Dieser Überschuss wird in den Fettzellen als Depot für »schlechte Zeiten« angelegt.

Die Diät-Falle

Der Fettanteil im Körper liegt bei normalgewichtigen Frauen zwischen 20 und 25 Prozent. Doch ist das nicht die Norm. Bei vielen Frauen gerät der Körper mit den Jahren im wahrsten Sinn des Wortes aus der Form. Radikal-Diäten und FDH verschlimmern das Problem: Wird die Nahrungszufuhr reduziert, schaltet der Stoffwechsel auf Sparflamme. Um seine Vitalfunktionen zu erhalten, greift der Körper die Glykogenreserven in Leber und Muskeln an. Gleichzeitig zieht er Eiweiß aus den Muskeln, baut also Muskelmasse ab. Der Grundumsatz, das ist der Energieverbrauch in Ruhe, sinkt um mindestens 30 Kilokalorien pro Tag und Kilo Gewichtsabnahme. Nach dem Fasten kommt der Stoffwechsel nur langsam wieder auf Touren. Wer nach einer Diät isst wie vorher, nimmt schnell wieder zu – und wiegt am Ende meist mehr als vor dem Fasten.

Die Energiebilanz optimieren

Der beste Weg, Problemzonen und Übergewicht dauerhaft in den Griff zu bekommen ist, die Energiebilanz zu optimieren. Das heißt: Sie dürfen mit der Nahrung nicht mehr Energie aufnehmen als Sie auch tatsächlich verbrauchen. Achten Sie deshalb auf eine vollwertige und vitalstoffreiche Ernährung mit einem ausgewogenen Verhältnis von Kohlehydraten, Eiweiß und Fett. Wenn Sie Ihr Gewicht reduzieren wollen, sollte der Fettanteil in der Nahrung 30 Gramm pro Tag nicht überschreiten. Wollen Sie Ihr Gewicht aber halten, sind 60 Gramm erlaubt.

Gleichzeitig erhöhen Sie Ihren Leistungsumsatz, das ist die Energiemenge, die Sie für alle körperlichen Tätigkeiten benötigen. Konkret heißt das: Regelmäßige Bewegung, wie Ausdauer-Training in Verbindung mit Kräftigungsübungen, reduziert das Körperfett, baut Muskelmasse auf und erhöht gleichzeitig auch den Energieverbrauch in Ruhe.

Was ist Kraft-Ausdauer-Training?

Kraft-Ausdauer bezeichnet die Fähigkeit, Kraftleistungen bei gymnastischen Übungen über einen längeren Zeitraum aufrechtzuerhalten. Bei regelmäßigem Training erhöht sich die Widerstandsfähigkeit der Muskulatur gegenüber der Ermüdung, die dabei zwangsläufig auftritt.

Beim Kraft-Ausdauer-Training arbeitet man mit etwa 30 Prozent der maximal verfügbaren Kraft.

Der Trainingseffekt der Programme basiert vor allem auf der häufigen Wiederholung der Übungen, dazwischen gibt es nur kurze Pausen. Das verbessert die Ausdauerleistung der Muskulatur nachhaltig und fördert den Fettabbau.

Was kann Kraft-Ausdauer-Training?

Beim Kräftigungstraining wird vor allem die Skelettmuskulatur gezielt aktiviert. Muskeln bestehen aus unterschiedlichen Fasern: den weißen, dünnen und schnell kontrahierenden Muskelfasern, auch »fast twitch« oder Typ-2-Fasern genannt, und den roten, dicken und langsam kontrahierenden »slow twitch« oder Typ-1 Fasern.
Typ-2-Fasern werden vor allem bei kurzen schnellen Bewegungen aktiviert, zum Beispiel beim Treppensteigen oder Wasserkisten heben. Sie können viel Kraft entwickeln, ermüden aber auch rasch.
Typ-1-Fasern dagegen sind für Fettverbrennung und Ausdauerleistungen verantwortlich und werden auch so trainiert. Mit zunehmender Aktivität der Typ-1-Fasern steigt Ihr Grundumsatz. Und je höher Ihr Grundumsatz, desto kleiner die Chance, dass sich überflüssiges Körperfett ablagert. Beide Faserarten sind in jedem Muskel vorhanden. Ihr prozentuales Verhältnis zueinander wird bestimmt von genetischen Faktoren einerseits sowie Art und Intensität der Muskelbelastung andererseits. Aus einem ausdauertrainierten Langstreckenläufer mit hohem Anteil an »langsamen« Muskelfasern lässt sich also kaum ein Sprinter mit hohem Anteil an »schnellen« Muskelfasern machen.
Die Übungen dieses Kapitels aktivieren vor allem die ausdauernden, roten Muskelfasern.

Worauf kommt es bei den Übungen an?

Exakte Ausgangsstellung und korrekte Ausführung der Bewegung sind das A und O. Denn nur bei richtiger Haltung arbeiten die Muskeln effektiv und anatomisch richtig. Dabei wird der Körper vom Scheitel bis zur Sohle gedehnt, die Wirbelsäule in ihrer natürlichen Doppel-S-Form aufgerichtet. So sollte es sein: Das Steißbein verlängert sich nach unten, der Scheitelpunkt des Kopfes strebt nach oben. Beckenboden- und tiefe Bauchmuskulatur sind sanft gespannt, um den Rumpf zu stabilisieren. Ist die innere Stützmuskulatur aktiv, bekommt der Körper Halt von innen und die äußere Muskulatur wird frei für Bewegung. Das spart auf Dauer Energie und befreit von unnötigen Verspannungen. Diese Grundspannung ist das Kernstück jeder Übung.
Führen Sie alle Bewegungen in Ihrem eigenen Atemrhythmus aus. Auch wenn das Tempo eher langsam ist – der Erfolg kommt umso schneller.

So wirkt regelmäßiges Kraft-Ausdauer-Training

- Der Energieverbrauch steigt, Muskeln bauen sich sanft auf.
- Sie haben mehr Spannkraft und Ausdauer für den Alltag.
- Ihre Muskeln werden flexibler, die Gelenke beweglicher.
- Muskuläre Dysbalancen gleichen sich aus, Verspannungen lösen sich.
- Ihre Haltung verbessert sich, Sie bewegen sich aufrecht, wirken leicht und beschwingt.
- Ihr Selbstwertgefühl nimmt zu, das Selbstvertrauen wächst.
- Sie beugen Gelenk- und Rückenbeschwerden vor.
- Das Körpergefühl wird gefördert, die Koordination von Bewegungen deutlich verbessert.
- Nach den Übungen fühlen Sie sich wohlig entspannt.

FITNESS CHECK

Wie **flexibel** sind Sie?

Beweglich sein – ein Leben lang: eine wunderbare Vorstellung. Und keine Utopie, wenn Sie bereit sind, etwas dafür zu tun. Machen Sie eine Bestandsaufnahme: Mit den Übungen auf den folgenden Seiten lokalisieren Sie gezielt Ihre Schwachpunkte. Sie spüren, wo Ihre Beweglichkeit eingeschränkt ist und Sie mehr Dehnung brauchen.

Und so geht's:

Wärmen Sie sich mindestens 5 Minuten lang auf: Gehen Sie zum Beispiel locker auf der Stelle, lassen Sie dabei die Arme mitschwingen.

OBERSCHENKEL HINTEN

Langsitz, Beine ausstrecken. Über den Sitzbeinhöckern (die spitzen Knochen unten am Po) aufrichten. Brustkorb heben, Schultern senken. Schulterblätter leicht zur Wirbelsäule ziehen, den Oberkörper gestreckt nach vorn neigen. Arme leicht beugen.

Auswertung

A) Sie sitzen aufrecht, die Knie sind gestreckt, Sie können den Oberkörper gerade aus den Hüften etwa 40 Zentimeter nach vorn beugen: Super, weiter üben!

B) Sie sitzen gerade so auf den Sitzbeinhöckern, Rücken rund, Knie leicht gebeugt: unbedingt häufiger dehnen.

C) Sie können weder auf den Sitzbeinhöckern sitzen noch die Beine strecken und den Oberkörper mit geradem Rücken vorbeugen: Sie sollten möglichst oft dehnen.

OBERSCHENKEL INNEN

Langsitz, Beine grätschen. Das Becken auf die Sitzbeinhöcker kippen. Mit den Händen hinter dem Rücken am Boden abstützen (siehe Foto Seite 53 oben).

Auswertung

A) Sie sitzen mühelos auf den Sitzbeinhöckern, Beine gestreckt, Winkel zwischen beiden Beinen größer als 90 Grad: Die Beweglichkeit der Beininnenseite ist sehr gut. Bleiben Sie am Ball.

B) Sie haben Mühe, auf den Sitzbeinhöckern zu sitzen und können die Knie nicht strecken, der Winkel zwischen den Beinen ist kleiner als 90 Grad: Die Beweglichkeit der Beininnenseite ist eingeschränkt. Sie sollten unbedingt häufiger dehnen.

C) Sie können nicht auf den Sitzbeinhöckern sitzen, selbst wenn die Knie leicht gebeugt sind? Der Winkel der Beine ist klei-

ner als 80 Grad? Die Beweglichkeit der Beininnenseite ist stark eingeschränkt. Sie sollten möglichst häufig üben.

HÜFTE VORN

Rückenlage, Beine ausgestreckt. Das rechte Bein anwinkeln, unter der Kniekehle mit beiden Händen fassen. Das Knie soweit wie möglich zum Oberkörper ziehen. Das linke Bein bleibt ausgestreckt auf dem Boden.

Auswertung

A) Oberschenkel und Kniekehle des gestreckten Beins liegen am Boden auf? Die Beweglichkeit der Hüftvorderseite ist gut.

B) Der Oberschenkel liegt nicht auf, die Kniekehle hat etwa 10 Zentimeter Abstand zum Boden? Die Beweglichkeit der Hüftvorderseite ist eingeschränkt: häufiger dehnen.

C) Weder Becken noch Oberschenkel liegen auf, der Abstand der Kniekehle zum Boden beträgt etwa 20 Zentimeter? Die Beweglichkeit der Hüftvorderseite ist sehr eingeschränkt. So oft wie möglich dehnen.

BRUSTKORB VORN

Aufrecht stehen, Füße handbreit auseinander, Oberkörper in leichter Vorlage, Knie locker. Hände hinter dem Rücken fassen, Schultern zurückdrehen und die gestreckten Arme so weit wie möglich nach oben führen. Rücken und Kopf bleiben gerade.

Auswertung

A) Sie heben die Arme gestreckt nach oben, Rücken und Kopf sind weiterhin aufrecht? Der Abstand der Hände zum Rücken beträgt mehr als 40 Zentimeter? Die Beweglichkeit Ihres Schultergürtels ist sehr gut.

B) Sie können zwar die Hände falten und die Arme strecken, dabei rundet sich jedoch Ihr Rücken und der Abstand der Hände zum Rücken beträgt weniger als 30 Zentimeter. Die Beweglichkeit Ihres Schultergürtels ist eingeschränkt. Unbedingt mehr dehnen.

C) Sie können die Hände nicht hinter dem Rücken fassen und dabei gleichzeitig im Oberkörper aufrecht bleiben? Vom Strecken und Anheben der Arme ganz zu schweigen? Die Beweglichkeit Ihres Schultergürtels ist sehr eingeschränkt. Sie sollten so oft wie möglich dehnen.

FITNESS CHECK

Wie **kraftvoll** sind Sie?

Kraftvoll das Leben meistern – wer will das nicht? Ob Sie dabei schnell schlapp machen oder Ihre starke Seite zeigen, ist reine Übungssache. Ihre Schwachstellen entlarven Sie mit den Übungen auf dieser Doppelseite.

Und so geht's:

Wärmen Sie sich mindestens 5 Minuten lang auf, zum Beispiel durch lockeres Gehen auf der Stelle. Machen Sie dann langsam die einzelnen Kräftigungs-Übungen.

OBERSCHENKEL HINTEN – GESÄSS

Rückenlage, Beine anwinkeln, Füße hüftweit aufstellen. Arme liegen neben dem Oberkörper. Das Becken langsam heben, bis Oberkörper und Oberschenkel eine Linie bilden. Und wieder zurück. So oft wiederholen, bis Sie ein mittleres Anstrengungsgefühl in Beinen und Po spüren.

Auswertung

A) 12–24 Wiederholungen? Sie dürfen sich als fortgeschritten einstufen.

B) Nach 6–12 Wiederholungen? Halten Sie sich an die Empfehlungen für Einsteiger.

C) Nach 4–6 Wiederholungen? Beginnen Sie mit der niedrigsten Übungsfrequenz.

OBERSCHENKEL VORN

Aufrecht stehen, Füße hüftweit, Hände seitlich einstützen. Beginnen Sie mit Kniebeugen. Dazu das Becken nach hinten schieben, bis sich die Oberschenkel fast parallel zum Boden befinden. Die Knie bleiben über den Füßen. So oft wiederholen, bis Sie ein mittleres Anstrengungsgefühl in den Oberschenkeln spüren.

Auswertung

A) Nach 12–24 Wiederholungen? Sie dürfen sich als fortgeschritten einstufen.

B) Nach 6–12 Wiederholungen? Halten Sie sich an die Empfehlungen für Einsteiger.

C) Nach 4–6 Wiederholungen? Beginnen Sie mit der niedrigsten Übungsfrequenz.

RÜCKEN
Bauchlage, Beine gestreckt und hüftweit geöffnet. Stirn auf die Hände legen, Po und Beine leicht anspannen. Oberkörper, Arme und Kopf langsam etwa 10 Zentimeter vom Boden abheben und wieder senken. So oft wiederholen, bis Sie ein mittleres Anstrengungsgefühl im Rücken spüren.

Auswertung
A) Nach 12–24 Wiederholungen? Sie dürfen sich als fortgeschritten einstufen.

B) Nach 6–12 Wiederholungen? Für den Anfang ganz gut, halten Sie sich an die Empfehlungen für Einsteiger.

C) Nach 4–6 Wiederholungen? Beginnen Sie mit der niedrigsten Übungsfrequenz.

BAUCH
Rückenlage, Beine anwinkeln, Füße hüftweit aufstellen. Hände seitlich am Kopf. Rippen Richtung Becken ziehen und den Oberkörper langsam anheben, bis die Schulterblätter gerade noch den Boden berühren. Die Übung so oft wiederholen, bis Sie ein mittleres Anstrengungsgefühl im Bauch spüren.

Auswertung
A) Nach 12–24 Wiederholungen? Sie können sich als fortgeschritten einstufen.

B) Nach 6–12 Wiederholungen? Halten Sie sich an die Empfehlungen für Einsteiger.

C) Nach 4–6 Wiederholungen? Beginnen Sie mit der niedrigsten Übungsfrequenz.

ARME UND SCHULTERN
Vierfüßlerstand, Hände etwas vor den Schultern, Knie leicht hinter den Hüften, die Unterschenkel verschränken. Arme langsam beugen, den Oberkörper Richtung Boden senken. Und wieder zurück. Der Rücken bleibt gestreckt. So oft wiederholen, bis Sie ein mittleres Anstrengungsgefühl in Armen und Schultern spüren.

Auswertung
A) Nach 12–24 Wiederholungen? Sie dürfen sich als fortgeschritten einstufen.

B) Nach 6–12 Wiederholungen? Halten Sie sich an die Empfehlungen für Einsteiger.

C) Nach 4–6 Wiederholungen? Beginnen Sie mit der niedrigsten Übungsfrequenz.

Kraft-Ausdauer-Training für einen

Und los geht's:

Mit den Fitness-Checks auf den vorangehenden Doppelseiten haben Sie Kraft und Beweglichkeit getestet und Ihren persönlichen Fitness-Level ermittelt. Ab Seite 60 erwartet Sie eine Riesen-Auswahl effektiver Übungen: anatomisch richtig und in vielen Unterrichtsstunden auf ihre Wirksamkeit erprobt. Alle Übungen sind genau beschrieben und auch für Einsteiger leicht nachvollziehbar. Manche kommen Ihnen auf den ersten Blick vielleicht bekannt vor, doch schauen Sie genau hin: Der Unterschied liegt, wie so oft, im Detail.

Übungsprogramme für Ihr Trainingsziel

Bevor Sie Ihr individuelles Übungsprogramm zusammenstellen, hier noch einige Hinweise zu Trainingszielen und -aufbau. Wollen Sie in erster Linie Gewicht verlieren, sollten Sie die Übungen für spezielle Muskelgruppen in jedem Fall mit einem Ausdauer-Training, zum Beispiel Walken oder Joggen, kombinieren. Wer eine sanfte Kräftigung, Beweglichkeit und Straffung der »Problemzonen« Bauch, Beine, Po erreichen will, liegt mit den Kraft-Ausdauer-Übungen in diesem Kapitel genau richtig. Jedes der folgenden Trainingsprogramme bietet Übungen für spezielle Körperbereiche: Beine und Po, Rücken und Bauch, Schultern und Arme. Ihr Übungsprogramm sollte mindestens eine Übung aus jeder Muskelgruppe beinhalten: Sie legen bei den Beinen los und enden bei den Armen.

Wollen Sie Schwerpunkte setzen und sich auf bestimmte Körperbereiche konzentrieren, wählen Sie aus dem entsprechenden Bereich einfach mehr Übungen aus. Um Ihnen die Qual der Wahl zu erleichtern, haben wir auf der nächsten Doppelseite für drei prominente Trainingsziele mustergültige Kombiprogramme zusammengestellt. Detaillierte Anleitungen zu den Übungen dieser Kombiprogramme sind im jeweiligen Kapitel nachzulesen, wo, das verrät der Seitenverweis.

Auf direktem Weg zum Ziel

Die Trainingseinheiten für die einzelnen Muskelgruppen ab Seite 68 starten immer mit einfachen Übungen und steigern sich dann im Schwierigkeitsgrad. Als Einsteigerin probieren Sie vielleicht zunächst die einfachen Übungen. Generell gilt: Wählen Sie die Übungen aus, die Ihnen leicht fallen und Spaß machen. Denn wer mit Lust und Spaß an der Sache trainiert, bleibt auch leichter bei der Stange. Für den Anfang reichen 1–2 Übungen pro Muskelgruppe. Beginnen Sie mit der niedrigsten Wiederholungsfrequenz, der kleinsten Zahl an Durchgängen und den längsten Pausen dazwischen. Nach der Maxime: lieber weniger und kürzer, dafür öfter und regelmäßig üben. Erst wenn Sie die Ausführung sicher beherrschen und das Gefühl haben, Sie können sich mehr zumuten, steigern Sie zuerst die Häufigkeit der Wiederholungen, dann die der Durchgänge, bei einem Pausen-Minimum von 30 Sekunden zwischen den Durchgängen. Als Orientierung für Ihre Trainingsplanung finden Sie nachfolgend Empfehlungen für die unterschiedlichen Fitness-Levels.

Anfänger

- Trainingshäufigkeit: 2-mal pro Woche
- Anzahl der Kraft-Ausdauer-Übungen: 4–6
- Wiederholungen pro Übung: bis zu 8
- Pausen zwischen den einzelnen Durchgängen: 60 Sekunden
- Durchgänge: 2

Geübte

- Trainingshäufigkeit: 3-mal pro Woche
- Anzahl der Kraft-Ausdauer-Übungen: 6–8
- Wiederholungen pro Übung: 8–16
- Pausen zwischen den einzelnen Durchgängen: 30–60 Sekunden
- Durchgänge: 3–4

Fortgeschrittene

- Trainingshäufigkeit: 4-mal pro Woche
- Anzahl der Kraft-Ausdauer-Übungen: 8 und mehr
- Wiederholungen pro Übung: 16–24
- Pausen zwischen den einzelnen Durchgängen: 30–60 Sekunden
- Durchgänge: 4–5

Der optimale Aufbau

Jedes Übungsprogramm beginnt mit dem Warm-up: 5–10 Minuten zügiges Gehen auf der Stelle (barfuß oder in rutschfesten Socken), dabei die Füße bewusst abrollen. Zwischendurch die Schultern und anschließend die Arme nach hinten kreisen oder locker seitlich mitschwingen lassen. So lange, bis Ihnen gleichmäßig warm ist. Wer will, kann dazu seinen Lieblingshit auflegen. Für das weitere Programm gibt allerdings Ihr Atem und nicht die Musik den Rhythmus vor. Nach dem Aufwärmen dehnen Sie Ihre Muskeln dynamisch vor (siehe Seite 64/65), bevor Sie mit der Kräftigung beginnen. Nach dem Kraft-Ausdauer-Training folgt der Cool-down, das Abwärmen. Gehen Sie wieder ein paar Minuten auf der Stelle und lockern dabei Arme und Beine aus. Anschließend können Sie die Muskeln sanft nachdehnen, um die Regeneration zu unterstützen. Gönnen Sie sich zum Schluss ein paar Minuten Zeit zum Nachspüren. Nehmen Sie wahr, wie sich Ihr Körper jetzt anfühlt.

Der Trainingsaufbau im Überblick

1. Warm-up
2. Vordehnen
3. Übungen zur Kraft-Ausdauer
4. Cool-down
5. Nachdehnen
6. Entspannung – Körperwahrnehmung

10 Tipps für ein effektives Training

1. Tragen Sie atmungsaktive Kleidung, in der Sie sich frei bewegen können.
2. Sorgen Sie für ausreichend frische Luft, vor dem Training am besten kurz lüften oder bei offenem Fenster trainieren.
3. Trainingsgeräte, wie Wolldecke oder Matte, Handtuch, Hocker oder Hantel, sollten in greifbarer Nähe sein.
4. Trainieren Sie nie mit vollem Magen, die letzte große Mahlzeit sollte drei Stunden zurückliegen. Und sorgen Sie für ausreichend Flüssigkeitszufuhr.
5. Das Atmen nicht vergessen! Atmen Sie während der Übungen ruhig und gleichmäßig durch die Nase ein und aus.
6. Vermeiden Sie ruckhafte Bewegungen, achten Sie auf korrekte Körperspannung.
7. Strapazieren Sie die Knie nicht unnötig. Das heißt für alle Übungen im Stehen: Knie nicht durchdrücken, Standbein immer leicht gebeugt halten. Für Übungen im Sitzen: Unterschenkel senkrecht, Knie über den Fußgelenken.
8. Beim Hinlegen auf den Boden und beim Aufstehen immer über die Seite rollen.
9. Überfordern Sie sich nicht! Hören Sie auf Ihren Körper. Die Übungen dürfen zwar ruhig anstrengen, sollten aber auf keinen Fall schmerzhaft sein.
10. Bei Symptomen wie Schwindel, Übelkeit oder Krämpfen sollten Sie das Training sofort abbrechen und Rücksprache mit Ärztin oder Arzt halten.

Die **besten Kombiprogramme** für

Bauch, Beine und Po

Von links nach rechts: Detailierte Übungsbeschreibungen finden Sie auf den Seiten: 74/Übg. 2, 2a; 72/Übg. 1, 1a; 68/Übg. 1, 1a; 84/Übg. 3, 3a; 86/Übg. 6,6a. Ergänzen Sie die Übungen bitte immer mit Warm-up, Vordehnen, Cool-down, Nachdehnen und Entspannung zum Schluss. Und halten Sie sich an die Empfehlungen für Anfänger, Geübte oder Fortgeschrittene auf Seite 56/57.

Ein starker Rücken

Von links nach rechts: Detailierte Übungsbeschreibungen finden Sie auf den Seiten: 78/Übg. 1, 1a, 1b; 68/Übg. 1, 1b, 1c; 81/Übg. 2, 2a, 2b; 84/Übg. 3, 3c; 96/Übg. 1. Ergänzen Sie die Übungen bitte immer mit Warm-up, Vordehnen, Cool-down, Nachdehnen und Entspannung zum Schluss. Und halten Sie sich an die Empfehlungen für Anfänger, Geübte oder Fortgeschrittene auf Seite 56/57.

Ihre Trainingsziele

Busen und Dekolleté
Von links nach rechts: Detailierte Übungsbeschreibungen finden Sie auf den Seiten: 64/Übg. 1; 80/Übg. 1, 1a, 1b; 90/ Übg. 1, 1a; 91/Übg. 2, 2a; 95/Übg. 5, 5a. Ergänzen Sie die Übungen bitte immer mit Warm-up, Vordehnen, Cool-down, Nachdehnen und Entspannung zum Schluss. Und halten Sie sich an die Empfehlungen für Anfänger, Geübte oder Fortgeschrittene auf Seite 56/57.

Perfekte Vorbereitung fürs **Training**

SIE MÖCHTEN AM LIEBSTEN SOFORT MIT DEM ÜBEN ANFANGEN? DOCH VORSICHT: SIND DIE MUSKELN KALT, STEIGT DIE VERLETZUNGSGEFAHR. IHR TRAINING HAT DANN NICHT DEN GEWÜNSCHTEN EFFEKT. NEHMEN SIE SICH DESHALB ZEIT FÜRS AUF- UND ABWÄRMEN, VOR- UND NACHDEHNEN. WIE'S GEHT, STEHT AUF DEN FOLGENDEN ZWEI DOPPELSEITEN.

Wenn Sie unsere Tipps befolgen, haben die Übungen dieses Kapitels den maximalen Effekt. Wichtige Bausteine für größtmögliche Effizienz sind: Körperhaltung, Konzentration und Körperbewusstsein.

Eine perfekte Haltung ist für alle Übungen in diesem Kapitel relevant. Sie sensibilisiert für eine korrekte Ausgangs- und Übungshaltung und schafft die Bedingungen dafür, dass Sie sich koordiniert und mit optimaler Körperspannung bewegen. Voraussetzung: Sie müssen Ihren Bewegungssinn schulen.

Dieser so genannte *kinästhetische Sinn* gibt Ihnen Auskunft darüber, ob, wohin und wie schnell Sie sich bewegen. Und er reguliert die Muskelspannung – entscheidet also darüber, ob Sie ver- oder entspannt sind. Lenken Sie die Aufmerksamkeit in Ihren Körper, fühlen Sie ganz in sich »hinein«. Lassen Sie sich beim Ausführen der Übungen von nichts ablenken. Spüren Sie, mit welchen Muskeln Sie gerade arbeiten und wie Sie die Bewegung ausführen. Beginnen Sie eine Übung erst, wenn Sie sich in der anatomisch richtigen Körperhaltung befinden: Wirbelsäule, Brustkorb, Becken, Beine, Füße und – besonders wichtig – der Beckenboden sollen optimal aufgerichtet und gut gespannt sein. Sie können nämlich nicht isoliert einen Teil Ihres Körpers trainieren, ohne auf den Rest zu achten. Wenn Sie zum Beispiel einen Arm heben, hat das Auswirkung auf Ihre Schulter und den Kopf: Jede Bewegung ist folglich Teil eines Ganzen.

Nur wenn Sie, um bei unserem Beispiel zu bleiben, den Arm heben und dabei gleichzeitig Kopf und Schultern in einer korrekten Position halten, werden die Muskeln optimal beansprucht. Und Verspannungen oder Haltungsfehler können sich gar nicht erst einschleichen.

So bewahren Sie **Haltung**

Eine aufrechte Körperhaltung ist die Voraussetzung dafür, dass Sie auch wirklich mit den gewünschten Muskelgruppen und Körperpartien arbeiten können. Deshalb sollten Sie sich zunächst darum bemühen. Lassen Sie sich von den vielen Anforderungen nicht irritieren: Lenken Sie Ihre Aufmerksamkeit jedesmal auf einen neuen »Haltungs-Baustein« – nach kurzer Zeit spürt Ihr Körper von selbst, worauf es ankommt.

1) Kopf – Steissbein

Ganz gleich, ob Sie stehen oder liegen, stellen Sie sich vor, am Scheitelpunkt Ihres Kopfes befände sich ein Faden, an dem Sie sanft nach oben gezogen werden. Gleichzeitig versuchen Sie, das Steißbein in die entgegengesetzte Richtung, also nach unten zu verlängern. Der Effekt: Ihre Wirbelsäule wird lang und richtet sich von selbst auf.

2) Beckenboden

Im Ausatmen den Beckenboden aktivieren. Dazu die Sitzbeinhöcker sanft zueinander und die Beckenbodenmuskeln nach innen oben ziehen – die Gesäßmuskeln bleiben locker. Weiteratmen. Lassen Sie sich nicht entmutigen, wenn es nicht gleich beim ersten Mal klappt. Weitere Übungen für den Beckenboden finden Sie auf Seite 142/143.

3) **Brustkorb**

Das Brustbein entspannt aufrichten. Gleichzeitig den Scheitelpunkt des Kopfes nach oben und die Schultern nach unten außen ziehen. Der Abstand der Ohren zu den Schultern sollte möglichst groß sein – auch im Liegen. Das entspannt Rücken und Schultern.

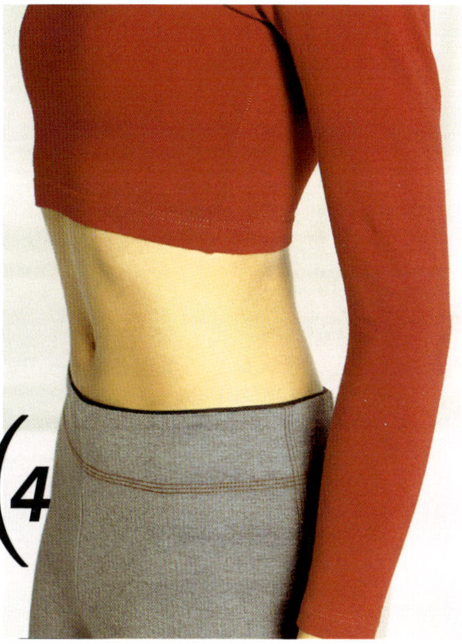

(4 **Becken**

Das Becken befindet sich in Mittelstellung, die Beckenbodenmuskeln sind aktiviert. Im Stehen (oder Liegen) den Po weder einziehen noch rausstrecken. So bleibt die natürliche Form der Wirbelsäule erhalten. Beim Sitzen ruht das Gewicht auf den beiden Sitzbeinhöckern, das sind die Knochen rechts und links unter dem Po.

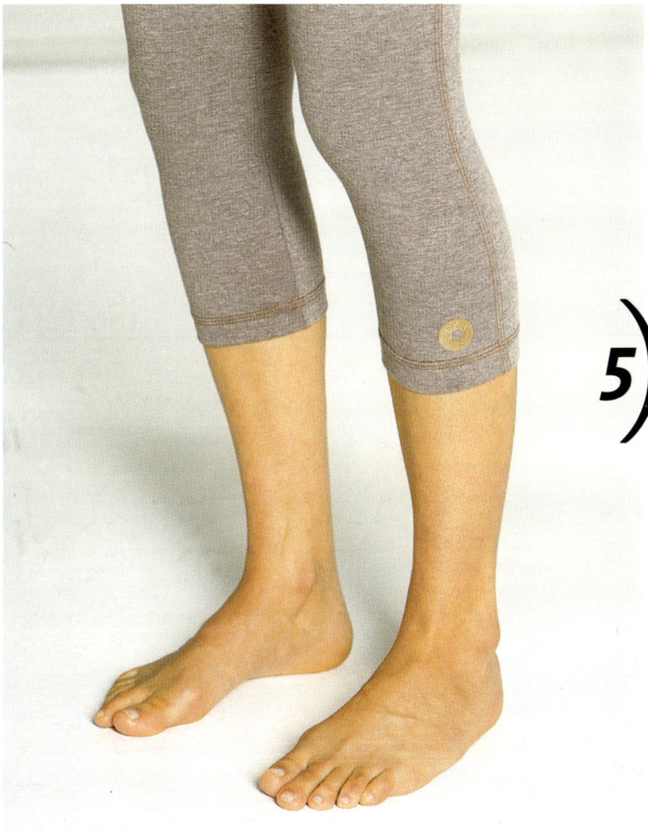

5) **Füsse und Beine**

Hüftweit stehen. Fersenmitte, Ballen des großen und kleinenZehs gleichmäßig belasten. Diese drei Punkte sanft in den Boden drücken, dabei die Knie locker lassen. Der Körper richtet sich von innen auf.

Gut kombiniert: **Body-Styling & Beweglichkeit**

Das Vordehnen verhilft zu mehr Konzentration: Sie entwickeln Körperbewusstsein und stellen sich mental auf die Übungen ein. Die Dehnübungen erfolgen dynamisch, das heißt, in der Dehnung werden Bewegungsimpulse gegeben. Wichtig dabei: Gehen Sie langsam in die Dehnung, halten Sie die Position maximal 10 Sekunden und atmen Sie ruhig und gleichmäßig weiter. Wenn Sie einen intensiven und angenehmen Dehnreiz spüren, geben Sie 4–5 langsame Bewegungsimpulse durch sanftes, kontrolliertes Nachschieben. Dabei werden die Muskelbereiche gedehnt, die anschließend ihre volle Beweglichkeit und Kraft entfalten sollen.

1) Brustkorb vorn

Aufrecht stehen, Oberkörper in leichter Vorlage, Knie etwas beugen. Ein zusammengerolltes Handtuch mit beiden Händen fassen. Bauch- und Gesäßmuskeln leicht spannen. Arme langsam nach oben führen. Schultern senken und Kopf aufrecht halten. Dynamisch: An der Dehngrenze 5- bis 6-mal die Arme weiter nach hinten ziehen.

Oberschenkel Hinten (2

Hüftweit stehen, das rechte Bein nach vorn strecken, Zehen Richtung Schienbein ziehen. Das Becken nach vorn und den Po vom Steißbein aus nach hinten schieben, als wollten Sie sich setzen. Dabei das Standbein leicht beugen und den Oberkörper gestreckt nach vorn neigen. Dynamisch: An der Dehngrenze das Becken vom Steißbein aus 5- bis 6-mal sanft nach hinten schieben. Seitenwechsel.

3

Wade

Große Schrittstellung, beide Fußspitzen zeigen nach vorn. Das linke Bein ist gebeugt, das Knie ist und bleibt über dem Fuß, das rechte Knie ist gestreckt, die Ferse drückt in den Boden. Den Oberkörper aufrichten, in leichte Vorlage bringen. Dynamisch: An der Dehngrenze 5- bis 6-mal die rechte Ferse heben und senken. Seitenwechsel.

4a

4

Rücken

Füße hüftweit, Knie über den Füßen leicht beugen. Hände auf den Knien abstützen, die Daumen zeigen nach innen. Die Schultern nach unten Richtung Becken ziehen, die Wirbelsäule zwischen Scheitelpunkt und Steißbein der Länge nach aufrichten.
Dynamisch: Den Oberkörper im Wechsel 5- bis 6-mal gleichmäßig beugen und strecken. Das Körpergewicht bleibt abgestützt.

Body-Styling für Beine & Po

MAL EHRLICH: WELCHE FRAU TRÄUMT NICHT VON ATTRAKTIVEN BEINEN – AM LIEBSTEN LANG UND SCHLANK MIT SCHMALEN FESSELN UND WOHLGEFORMTEN WADEN? AN DER LÄNGE KÖNNEN WIR LEIDER NICHTS ÄNDERN, DOCH DIE FORM LÄSST SICH DURCHAUS SANFT MODELLIEREN.

Auf den folgenden Seiten finden Sie Übungen zur Kräftigung der Bein- und Gesäßmuskeln. Sie straffen und stärken die Beine, formen einen schönen Po und sorgen für mehr Power und Geschmeidigkeit in den Bewegungen. Das Tolle daran: Vieles im Leben wird leichter, zum Beispiel Treppensteigen, rückengerechtes Bücken oder das Heben schwerer Getränkekisten. Sind Beine und Po gut trainiert, können sie den Rücken entlasten. Das schützt die Wirbelsäule, und die Bandscheiben danken es Ihnen. Zusätzliches Plus: Aktive Beinmuskeln erleichtern den Venen ihre Arbeit. Das Blut wird durch die Muskelpumpe auf dem Weg von den Füßen zurück zum Herzen unterstützt. Krampfadern oder Venenentzündungen haben kaum eine Chance.

Body-Styling mit Effekt

Regelmäßiges Training von Bein- und Gesäßmuskeln empfiehlt sich auch für all jene, die ihre Leistungsfähigkeit in ihrer Lieblingssportart verbessern wollen. Die Übungen dieses Kapitels stärken die Muskeln von Beinrück-, -außen-, -innen- und -vorderseite. Beginnen Sie jeweils mit Übung 1 und deren Variante(n), bevor Sie zu Übung 2 übergehen.

Anfänger wählen zunächst eine Übung (entsprechend ihrer Leistungsfähigkeit auch die Variation) pro Muskelgruppe aus und beginnen mit 8–16 Wiederholungen und 2 Durchgängen, dazwischen machen sie 30–60 Sekunden Pause.

Geübte und Fortgeschrittene können 2 Übungen je Muskelgruppe auswählen. Davon machen sie jeweils 16–24 Wiederholungen mit 3–5 Durchgängen, dazwischen 30 Sekunden Pause.

Sie wollen auch abnehmen?

Wenn Sie den unliebsamen Fettpölsterchen wirkungsvoll zu Leibe rücken wollen, reichen Kräftigungsübungen allein leider nicht aus. Das bedeutet für Sie: Zusätzlich sollten Sie 2- bis 3-mal wöchentlich ein Ausdauer-Training zur Fettverbrennung einplanen, zum Beispiel Walking, Jogging oder Schwimmen. Informationen dazu finden Sie im ersten Kapitel.

Schlanke **Beine** – straffer **Po**

Auf der Rückseite der Oberschenkel liegen die Beinbeuger, auch Hamstrings oder ischiocrurale Muskelgruppe genannt. Sie verlaufen über das Hüft- und Kniegelenk, beugen das Knie und strecken die Hüfte. Der große Gesäßmuskel an der Porückseite ist der kräftigste Strecker im Hüftgelenk und richtet den Körper aus der Hocke oder dem Sitzen auf. Er verleiht dem Gesäß seine Form.

1) **STARTPOSITION**
Rückenlage, Beine anwinkeln, Füße hüftweit aufstellen, Arme rechtwinklig neben dem Kopf. Die Wirbelsäule nach oben und unten verlängern. Schultern Richtung Becken ziehen.

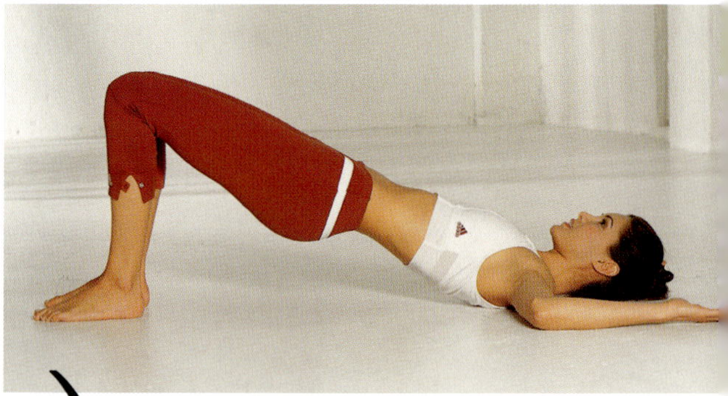

1a) Im Ausatmen die Füße gleichmäßig in den Boden drücken und die Sitzbeinhöcker zueinander ziehen. Die Wirbelsäule beim Steißbein beginnend Wirbel für Wirbel vom Boden abheben, bis Oberkörper und Oberschenkel eine schräge Linie bilden. In der Endposition sollte der Bauchnabel tiefer sein als das Schambein. Mit dem nächsten Einatmen den Rücken Wirbel für Wirbel zum Boden zurückbringen. Dabei den Rücken lang ziehen, als wollten Sie das Steißbein zwischen die Fersen bringen.

1b) Becken nach oben bringen (1a). Die Sitzbeinhöcker zusammenziehen und den linken Fuß fest in den Boden drücken. Das rechte Bein in Verlängerung des Oberkörpers nach vorn strecken, als wollten Sie mit der Ferse etwas wegschieben. Die Oberschenkel sind parallel nebeneinander, beide Beckenknochen auf einer Höhe und der Bauchnabel tiefer als das Schambein. Die Stellung 5–7 Sekunden halten, dabei weiteratmen. Dann das rechte Bein aufstellen, den Rücken Wirbel für Wirbel abrollen. Seitenwechsel.

1c) Das Becken anheben (1a) und das rechte Bein nach vorn strecken (1b). Das Bein in der Luft beugen und strecken. Stellen Sie sich vor, Sie schieben im Ausatmen mit der Ferse etwas nach vorn weg und holen es im Einatmen mit dem Fußrücken wieder heran. Seitenwechsel.

2) Startposition

Bauchlage, eventuell ein kleines Kissen oder ein mehrfach gefaltetes Handtuch zwischen Rippen und Becken legen, das stützt den unteren Rücken. Beine hüftweit öffnen und lang ausstrecken. Stirn auf die verschränkten Hände legen. Scheitelpunkt des Kopfes und Steißbein sanft auseinander ziehen, um die Wirbelsäule zu dehnen. Schultern Richtung Becken ziehen.

2a) Das rechte Bein anwinkeln, bis der Unterschenkel senkrecht steht. Den Fuß beugen und die Ferse sanft nach oben schieben. Im Ausatmen die Sitzbeinhöcker zusammenziehen und den Beckenboden aktivieren. Das Knie 2–3 Zentimeter vom Boden heben und im Einatmen wieder senken. Der Beckenboden bleibt gespannt. Die vorderen Beckenknochen haben immer Kontakt zum Boden. Seitenwechsel.

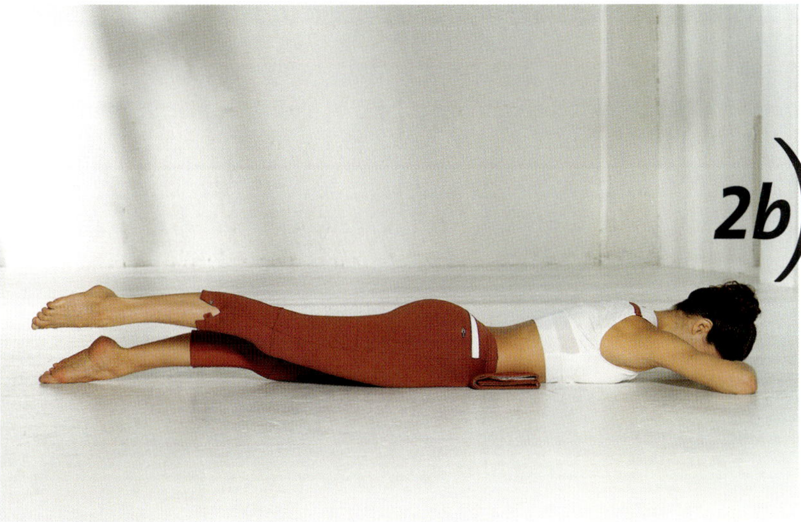

2b) Aus der Startposition heraus das rechte Bein leicht ausdrehen. Die Ferse zeigt nach innen, die Fußspitze nach außen. Im Ausatmen den Beckenboden aktivieren und das Bein von der Ferse aus 2–3 Zentimeter anheben. Im Einatmen wieder senken. Stellen Sie sich vor, jemand zieht Ihr Bein erst von der Ferse aus sanft in die Länge und hebt es dann an. Seitenwechsel.

(2c Aus der Startposition heraus beide Beine nach unten verlängern, als würde jemand sanft an den Fußspitzen ziehen. Dann im Ausatmen den Beckenboden aktivieren, den Bauchnabel leicht zur Wirbelsäule ziehen und beide Beine 2–3 Zentimeter vom Boden abheben. Dabei den Scheitelpunkt des Kopfes und das Steißbein auseinander ziehen. Im Einatmen die Beine wieder senken und die Anspannung lösen.

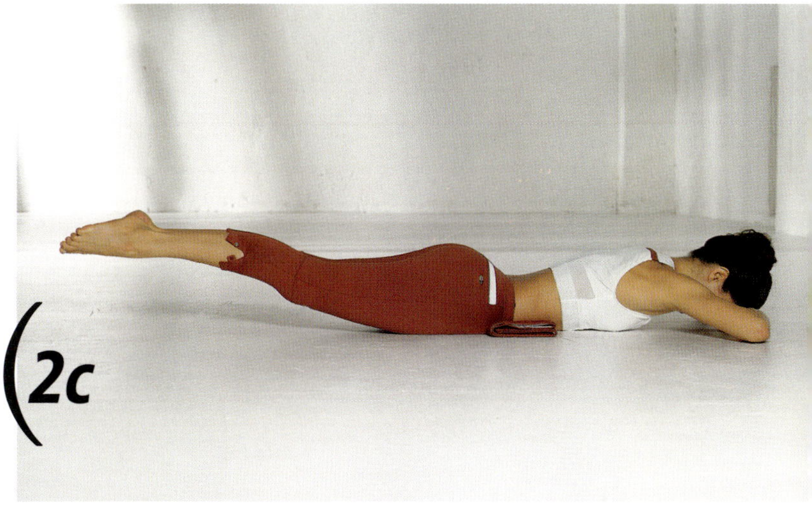

Die Muskeln der Oberschenkelaußenseite werden, zusammen mit den kleinen Gesäßmuskeln, auch als Abduktoren bezeichnet. Sie helfen beim Abspreizen der Beine nach außen und stabilisieren das Becken, wenn Sie sitzen, gehen oder stehen. Sind die Muskeln gut trainiert, das heißt kräftig und flexibel, tragen sie entscheidend zu einer guten Haltung und schönen Beinen bei. Denn wo sich schlanke Muskeln befinden, hat Cellulite keine Chance.

1) Startposition

Auf die linke Seite legen. Den linken Arm nach oben ausstrecken. Den Kopf in Verlängerung der Wirbelsäule mit dem Ohr darauf legen. Eventuell ein kleines Kissen zwischen Kopf und Arm klemmen, das entlastet Hals- und Nackenmuskulatur. Der Oberkörper ist in sich aufgerichtet, das Steißbein zieht nach unten, der Scheitelpunkt des Kopfes nach oben. Beide Beine anziehen, der Winkel sollte etwa 90 Grad betragen. Die rechte Hand stützt sich am Boden ab, die linke Taillenseite ist leicht angehoben oder wird mit einem gefalteten Handtuch unterstützt.

Becken und Rücken

Halten Sie Becken und Oberkörper ruhig. Die Hüftknochen sollten genau übereinander liegen. Heben Sie die untere Taille etwas an und ziehen Sie die obere Taille in die Länge. Das stützt und schützt den unteren Rücken. Heben Sie das Bein nicht weiter als bis auf Hüfthöhe.

1a) Im Ausatmen den Beckenboden aktivieren, die Sitzbeinhöcker zusammen- und die unteren Rippen leicht nach innen ziehen. Das schützt den Rücken. Diese Grundspannung halten und das rechte Bein etwa 15 Zentimeter heben und senken. Dabei weiteratmen. Abschließend das Bein wieder auf das linke Bein legen und entspannen. Seitenwechsel.

1b) Aus der Startposition das rechte Bein gestreckt in Verlängerung des Oberkörpers anheben. Die Fußspitzen nach oben ziehen und die Ferse weit nach unten verlängern. Das Bein und die rechte Taillenseite sollen ganz lang werden. Das Bein aus der Hüfte leicht einwärts drehen – die Hüfte bleibt gestreckt. Im Ausatmen den Beckenboden aktivieren, die unteren Rippen nach innen ziehen. Diese Grundspannung halten, weiteratmen und das rechte Bein etwa 15 Zentimeter heben und senken. Seitenwechsel.

Die Muskeln auf der Oberschenkelinnenseite ziehen das Bein zur Körpermitte und beugen es im Hüftgelenk. Die Schenkelanzieher, auch Adduktoren genannt, sind die Gegenspieler der kleinen Gesäßmuskeln und der Kummerpunkt vieler Frauen. Sie verlieren leicht an Spannkraft.

1) **STARTPOSITION**
Auf die linke Seite legen. Den linken Arm nach oben ausstrecken, in Verlängerung der Wirbelsäule den Kopf darauf legen. Eventuell ein kleines Kissen dazwischenklemmen, das entlastet Hals- und Nackenmuskulatur. Den Oberkörper in sich aufrichten. Das linke Bein und die Zehen in Verlängerung des Oberkörpers strecken. Das rechte Bein anziehen, Knie am Boden oder auf einem kleinen Kissen. Die rechte Hand stützt sich am Boden ab.

1a) Im Ausatmen die Sitzbeinhöcker zusammen- und die unteren Rippen nach innen ziehen. Die Grundspannung halten und das rechte Bein auf und ab bewegen. Im Ausatmen heben, im Einatmen senken. Seitenwechsel.

Achten Sie auf eine korrekte Oberkörperhaltung: Die untere Taille ist leicht angehoben oder wird durch ein mehrfach gefaltetes Handtuch unterstützt. Die obere Hand stützt am Boden ab, das Brustbein ist leicht angehoben. Ziehen Sie die obere Schulter nach unten – weg vom Ohr Richtung Becken.

2) Startposition

Rückenlage, ein Lordosekissen oder ein mehrfach gefaltetes Handtuch zwischen Schulterblätter und Becken legen, um die natürliche Form der Wirbelsäule zu unterstützen. Beine zum Oberkörper ziehen, bis sie etwa rechtwinklig sind, und nach außen öffnen.

2a) Hände an die Innenseite der Oberschenkel legen, die Wirbelsäule nach oben und unten verlängern. Schultern nach außen und Richtung Becken ziehen. Den Bauch lang lassen. Im Ausatmen den Beckenboden aktivieren und die Beine gegen den Widerstand der Hände langsam zusammenführen. Im Einatmen Beckenboden entspannen und die Beine wieder öffnen.

(2b Wie Übung 2a, jetzt mit gestreckten Beinen. Am Anfang die Knie leicht gebeugt lassen. Dann von den Fersen her immer mehr strecken. Im Ausatmen den Beckenboden aktivieren und die Beine gegen den Widerstand der Hände schließen. Im Einatmen wieder öffnen.

Die Muskeln auf der Vorderseite des Oberschenkels zählen zu den Streckmuskeln der Beine. Der Schenkelstrecker oder Quadrizeps ist der größte und kräftigste Muskel des Menschen. Er streckt das Knie aus einer gebeugten Position, stabilisiert das Kniegelenk beim Stehen und Gehen und verhindert, dass wir unbeabsichtigt einknicken.

1) Startposition
Aufrecht auf einen Hocker oder Stuhl setzen. Beine hüftweit öffnen, Füße fest am Boden, Hände seitlich abstützen.

1a) Im Ausatmen die Sitzbeinhöcker zusammen- und die unteren Rippen leicht nach innen ziehen, Wirbelsäule nach unten und oben verlängern. Spannung aufrecht halten und weiteratmen. Im Ausatmen den rechten Unterschenkel langsam heben, im Einatmen wieder senken. Dabei das Bein in der Hüfte leicht nach außen drehen und die Fußspitze Richtung Schienbein ziehen. Seitenwechsel.

2) Startposition
Aufrecht stehen, Beine und Füße hüftweit auseinander. Hände seitlich einstützen, Schultern nach außen und unten Richtung Becken ziehen.

2a) Im Ausatmen Sitzbeinhöcker zusammen- und die unteren Rippen nach innen ziehen. Dabei die Knie beugen, Becken und Sitzbeinhöcker nach hinten schieben, so als wollten Sie sich setzen. Zur Balance den Oberkörper in sich gestreckt nach vorn neigen. Im Einatmen Fersenmitte, Groß- und Kleinzehenballen in den Boden drücken und die Beine wieder strecken. Dabei das Steißbein Richtung Bauchnabel rollen.

Startposition
Große Schrittstellung, rechtes Bein nach vorn und leicht beugen, Knie über dem Mittelfuß. Den linken Fuß auf den Fußballen stellen, die Fußspitze zeigt nach vorn. Hände seitlich einstützen. Wirbelsäule nach oben und unten verlängern.

3

3a

Im Ausatmen den Beckenboden aktivieren, die unteren Rippen nach innen ziehen und beide Beine etwa rechtwinklig beugen. Im Einatmen Fersenmitte, Groß- und Kleinzehenballen des rechten Fußes in den Boden drücken und die Beine wieder strecken. Seitenwechsel.

Body-Styling für Rücken & Bauch

EIN FLACHER BAUCH: WER WÜNSCHT SICH DEN NICHT? DOCH GERADE HIER BEFINDEN SICH BESONDERS VIELE FETTZELLEN ZUM SCHUTZ DER INNEREN ORGANE. DAS WIRD DANN LÄSTIG, WENN DIE LIEBLINGSHOSE PLÖTZLICH KNEIFT UND DER BIKINI NICHT MEHR PASST. MIT DEN ÜBUNGEN AUF DEN FOLGENDEN SEITEN RÜCKEN SIE DEN UNLIEBSAMEN RÖLLCHEN UM DIE KÖRPERMITTE ERFOLGREICH ZU LEIBE.

Oft ist nicht der Bauch, sondern der Rücken der eigentliche Schwachpunkt. Lässt die Kraft der Rückenmuskeln nach, sinkt die Wirbelsäule in sich zusammen. Die Folgen: Verspannungen, Rückenschmerzen, Probleme mit Atmung und Verdauung, der Bauch verliert die Form. Die Übungen unseres Trainingsprogramms wirken deshalb auf die gesamte Rumpfmuskulatur. Sie machen die Wirbelsäule beweglich, stärken den Rücken, lösen Verspannungen, formen eine schöne Taille und straffen den Bauch.

Das unterstützt eine aufrechte Haltung, schützt vor Rückenbeschwerden und lässt den Bauch flacher erscheinen.

Wichtig: Auch hier ist die Beckenbodenmuskulatur gefragt. Gut gespannt, sorgt sie für eine stabile Mitte. Das entlastet die Organe und schützt den Rücken.

So üben Sie richtig

Beginnen Sie jeweils mit Übung 1 und deren Variante, bevor Sie zu Übung 2 oder 3 übergehen.

Anfänger starten mit einer Übung (entsprechend ihrer Leistungsfähigkeit auch mit der entsprechenden Variation) pro Muskelgruppe und 8–16 Wiederholungen, 2 Durchgängen und je 30–60 Sekunden Pause dazwischen.

Geübte und Fortgeschrittene können pro Muskelgruppe 2 Übungen oder Varianten auswählen. Machen Sie jeweils 16–24 Wiederholungen und 3–5 Durchgänge mit je 30 Sekunden Pause dazwischen.

Kräftigungsübungen allein können Fettpölsterchen leider nicht reduzieren. Nur zusammen mit vollwertiger Ernährung und regelmäßigem Ausdauer-Training führen sie langfristig auch zu körperlichen Veränderungen.

Starker **Rücken** – flacher **Bauch**

Die Muskeln, die unmittelbar an der Wirbelsäule ansetzen, werden in ihrer Gesamtheit auch als Rückenstrecker bezeichnet. Sie lassen sich als dicker Muskelstrang rechts und links neben der Wirbelsäule tasten. Ihre Hauptaufgabe ist es, die Wirbelsäule zu bewegen und zu stabilisieren. Viele Menschen haben Probleme mit dem Rücken, weil sie diese Muskeln nicht genügend trainieren.

1) Startposition

Vierfüßlerstand, Knie unter die Hüften (eventuell ein zusammengefaltetes Handtuch unter die Knie legen). Hände unter die Schultern, Finger zeigen nach vorn oder sind leicht ausgedreht. Ellenbogen zeigen nach außen und sind leicht gebeugt. Schultern Richtung Becken ziehen. Wirbelsäule der Länge nach aufrichten.

1a) Im Ausatmen Beckenboden aktivieren, Sitzbeinhöcker zusammenziehen und den Rücken runden. Dabei den Scheitelpunkt des Kopfes und das Steißbein in einem weiten Bogen zueinander bewegen und die Wirbelsäule sanft zur Decke dehnen.

1b) Im Einatmen den Oberkörper Wirbel für Wirbel auseinander ziehen und wieder in die Ausgangsstellung bringen. Die unteren Rippen leicht nach innen ziehen, die Bauchmuskeln der Länge nach spannen.

2) Startposition

Bauchlage, eventuell ein kleines Kissen oder mehrfach gefaltetes Handtuch zwischen Becken und Rippen legen, das entlastet den unteren Rücken. Die Beine hüftweit öffnen, die Füße strecken. Die Stirn zeigt zum Boden, die Arme liegen neben dem Oberkörper, die Handflächen sind zum Boden gedreht, die Daumen zeigen nach außen.

2a) Im Ausatmen die Sitzbeinhöcker zueinander ziehen, die Wirbelsäule sanft dehnen und die Schulterblätter Richtung Becken drücken. Dabei Arme, Stirn und Oberkörper 2– 3 Zentimeter vom Boden abheben. Im Einatmen wieder senken und die Anspannung lösen.

2b) Den rechten Arm nach vorn strecken. Den linken Arm nach unten Richtung Fuß ziehen. Die Finger strecken, die Handflächen zeigen nach innen. Im Ausatmen die Sitzbeinhöcker zueinander ziehen, die Wirbelsäule sanft dehnen und die Schulterblätter Richtung Becken drücken. Die Spannung halten, dabei weiteratmen und Arme, Stirn sowie Oberkörper 2–3 Zentimeter vom Boden abheben. Jetzt die Arme abwechselnd dicht am Körper über den Boden nach oben und unten führen.

(2c Ausgangsstellung (2). Beide Arme schulterweit nach vorn strecken, die Handflächen zeigen nach innen. Im Ausatmen die Sitzbeinhöcker zueinander ziehen, die Wirbelsäule sanft dehnen und die Schulterblätter Richtung Becken ziehen. Dabei Stirn, Oberkörper, rechten Arm und linkes Bein 4–5 Zentimeter vom Boden abheben. Im Einatmen langsam senken. Seitenwechsel.

Die V-Form des Rückens wird von den Schultergürtel-Muskeln gebildet, die über den Rückenstreckern liegen und unter der Haut gut zu sehen sind. Der Kappen- oder Trapez-Muskel zieht von den oberen Halswirbeln seitlich zu den Schultern und von dort bis zur Brustwirbelsäule. Er sieht aus wie eine am Rücken aufliegende Kapuze – daher kommt auch sein Name. Hauptsächlich bewegt und stabilisiert er die Schulterblätter.

1)

Startposition

Bauchlage, eventuell ein kleines Kissen oder ein mehrfach gefaltetes Handtuch zwischen Becken und Rippen legen, das entlastet den unteren Rücken. Die Beine etwas mehr als hüftweit öffnen und nach außen drehen. Die Stirn zeigt zum Boden, die Arme liegen neben dem Oberkörper, Handflächen nach unten, die Daumen zeigen nach außen.

1a)

Im Ausatmen die Sitzbeinhöcker zueinander ziehen, die Wirbelsäule sanft dehnen und die Schulterblätter Richtung Becken drücken. Die Spannung halten, weiteratmen. Dabei Arme, Stirn und Oberkörper 2–3 Zentimeter vom Boden abheben. Die Position halten und beide Arme in einem weiten Bogen zum Hinterkopf führen, bis sich die Fingerspitzen berühren.

(1b

Von dort die Arme in einem weiten Bogen zum Becken führen, bis sich die Fingerspitzen über dem Po berühren. Die Handflächen zeigen nach unten.

2) Startposition

Vierfüßlerstand, Knie unter die Hüften (als Polster eventuell ein gefaltetes Handtuch unter die Knie legen). Hände unter die Schultern, Finger zeigen nach vorn oder sind leicht ausgedreht. Ellenbogen zeigen nach außen und sind leicht gebeugt. Die Schultern Richtung Becken ziehen. Die Wirbelsäule der Länge nach aufrichten.

2a)

Im Ausatmen die Sitzbeinhöcker zusammenziehen, die Bauchmuskeln spannen. Das linke Bein und den rechten Arm anheben, sie sollen mit dem Rücken eine Linie bilden. Die Handfläche zeigt nach innen, die Ferse nach hinten. Im Einatmen wieder senken. Seitenwechsel.

2b)

Im Ausatmen linken Arm und rechtes Bein heben (2a), im Einatmen Ellenbogen und Knie unter dem Bauch zusammenführen, dabei die Wirbelsäule lang dehnen. Im Ausatmen Arm und Bein wieder strecken. Seitenwechsel.

Auf der Oberkörpervorderseite sitzen die Bauchmuskeln. Das sind vier Muskelgruppen, die in mehreren Schichten übereinander liegen und unterschiedliche Funktionen im Bewegungsapparat übernehmen: Die geraden Bauchmuskeln beugen den Oberkörper nach vorn, die schrägen beugen und drehen den Rumpf. Die quer laufenden Bauchmuskeln liegen sehr tief: Sie sorgen für eine schlanke Taille und eine aktive Ausatmung. Die Übungen auf den folgenden drei Doppelseiten stärken die Muskeln von Oberkörperrück- und -vorderseite.

1) Startposition

Vierfüßlerstand, die Unterarme liegen auf dem Boden auf (Unterarmstütz). Die Knie sind unter den Hüften (eventuell ein mehrfach gefaltetes Handtuch darunter legen), Ellenbogen unter den Schultern. Die Unterarme zeigen parallel nach vorn, die Handflächen nach oben. Der Scheitelpunkt strebt nach vorn, das Steißbein nach hinten.

1a) Im Ausatmen Sitzbeinhöcker zusammen- und Rippen sanft nach innen ziehen. Füße und Unterarme in den Boden drücken und beide Knie 1 Zentimeter vom Boden anheben. Die Position 5–8 Sekunden halten, dabei weiteratmen, die Schultern Richtung Becken ziehen und die Wirbelsäule in die Länge wachsen lassen. Die Knie langsam zum Boden senken.

1b) In der angehobenen Position beide Knie abwechselnd einige Zentimeter nach rechts und links außen senken. Der Rücken bleibt in sich aufgerichtet.

Startposition (2

Seitenlage, die Beine leicht beugen. Oberkörper aufrichten und mit dem rechten Ellenbogen direkt unter der rechten Schulter abstützen. Die linke Hand vor dem Oberkörper auf dem Boden aufstützen. Der Oberkörper ist in sich aufgerichtet.

2a)

Im Ausatmen den Beckenboden aktivieren, den unteren Arm in den Boden drücken und das Becken anheben, bis die Wirbelsäule vom Scheitelpunkt bis zum Steißbein eine Linie bildet. Für 5–8 Sekunden in dieser Position verweilen, dabei weiteratmen. Das Becken langsam wieder senken.

(2b

Startposition (2). Beide Beine strecken, das linke Bein über das rechte legen, die Fußspitzen Richtung Schienbein ziehen und die Fersen nach unten schieben. Im Ausatmen das Becken anheben, halten, im Einatmen entspannen.

3) Startposition

Aufrecht auf einem Hocker oder Stuhl sitzen, dabei den Rücken über den Sitzbeinhöckern aufrichten. Die Beine hüftweit öffnen, die Füße stehen unter den Knien. Den Scheitelpunkt des Kopfes nach oben zur Decke verlängern. Hände seitlich einstützen.

3a) Im Ausatmen Beckenboden aktivieren, Sitzbeinhöcker zusammen- und die unteren Rippen nach innen ziehen. Die Wirbelsäule verlängern und den Oberkörper im Einatmen in einem weiten Bogen zur Seite neigen. Im Ausatmen wieder zur Mitte zurückkommen. Seitenwechsel.

3b) Die Hände seitlich an den Kopf legen, die Ellenbogen weit nach hinten drücken. Oberkörper nach rechts und links beugen.

(3c Beckenboden aktivieren und den Oberkörper im Ausatmen um die Längsachse nach links drehen. Dabei den Scheitelpunkt nach oben wachsen lassen, die Ellenbogen nach hinten drücken und den Oberkörper im Einatmen wieder zur Mitte zurück drehen. Seitenwechsel.

4) Startposition

In Rückenlage auf ein Handtuch legen, Knie beugen, Füße hüftweit auseinander. Eventuell ein zweites mehrfach gefaltetes Handtuch zwischen Becken und Schulterblätter legen, das unterstützt die natürliche Form der Wirbelsäule. Kopf und Steißbein in beide Richtungen verlängern.

4a)

Mit beiden Händen die Zipfel des Handtuchs fassen. Die Ellenbogen zeigen nach außen, der Abstand der Schultern zu den Ohren ist möglichst groß.
Im Ausatmen Beckenboden aktivieren und die unteren Rippen wie eine Ziehharmonika nach innen und Richtung Becken ziehen.
Wirbel für Wirbel vom Boden abrollen. Aber nur so weit, dass die unteren Schulterblattkanten noch den Boden berühren.
Im Einatmen die Spannung langsam lösen und in die Ausgangsposition zurückgehen.

(4b

Fingerspitzen seitlich an den Kopf legen. Das Kinn ist etwa eine Handbreit vom Hals entfernt. Die Ellenbogen so weit öffnen, dass sie gerade noch seitlich aus den Augenwinkeln heraus zu sehen sind. Im Ausatmen den Beckenboden aktivieren, Rippen Richtung Becken ziehen und den Oberkörper langsam aufrollen. Die unteren Schulterblattkanten sollten den Boden noch berühren. Im Einatmen Wirbel für Wirbel zurückrollen.

5) Startposition

Rückenlage, Arme seitlich neben dem Kopf in U-Haltung. Die Beine nacheinander zum Oberkörper ziehen. Die Oberschenkel stehen senkrecht über den Hüften, die Unterschenkel parallel zum Boden, die Fußspitzen zeigen nach oben. Das Steißbein nach unten, den Scheitelpunkt nach oben wachsen lassen.

5a) Im Ausatmen den Beckenboden aktivieren, die Sitzbeinhöcker zusammen- und die unteren Rippen nach innen ziehen. Spannung halten und weiteratmen. Beim nächsten Ausatmen das rechte Bein mit der Ferse nach vorn schieben – nur so weit, wie Sie die Beckenboden- und Bauchspannung halten können. Im Einatmen wieder in die Startposition zurückgehen. Seitenwechsel.

6) Startposition

Rückenlage, Arme seitlich neben dem Kopf in U-Haltung. Beide Beine nacheinander Richtung Oberkörper ziehen. Die Oberschenkel stehen senkrecht über den Hüften, die Unterschenkel parallel zum Boden, die Fußspitzen zeigen nach oben. Steißbein nach unten, Scheitelpunkt nach oben ziehen. Halten Sie die Beine in diesem Abstand oder klemmen Sie ein kleines Kissen oder Ähnliches zwischen die Knie.

6a) Im Ausatmen Beckenboden und tiefe Bauchmuskulatur aktivieren. Sitzbeinhöcker zusammen- und Rippen nach innen ziehen. Dabei beide Beine nach links zur Seite senken. Nur so weit, wie Sie die Grundspannung exakt halten können. Wirbelsäule und Bauchmuskeln bleiben lang, Schultern und Ellenbogen fest am Boden. Im Einatmen die Rippen zum Boden drücken und zur Mitte zurückkommen. Seitenwechsel.

7) STARTPOSITION

Rückenlage, Beine gebeugt, Füße hüftweit aufgestellt. Scheitelpunkt und Steißbein nach oben beziehungsweise unten verlängern. Fingerspitzen seitlich an den Kopf legen, Ellenbogen leicht öffnen, Schultern weg von den Ohren.

7a) Im Ausatmen den Beckenboden aktivieren und die unteren Rippen nach innen Richtung Becken ziehen. Dabei den Oberkörper diagonal Wirbel für Wirbel aufrollen. Die rechte Rippenseite nähert sich der linken Beckenseite. Gerade nur so weit hochkommen, dass die untere Schulterblattkante der linken Schulter am Boden bleibt. Im Einatmen die Spannung langsam lösen und wieder zurück zur Startposition gehen. Seitenwechsel.

8) STARTPOSITION

Rückenlage, beide Beine nacheinander zum Oberkörper ziehen. Oberschenkel stehen senkrecht über den Hüften, die Unterschenkel parallel zum Boden, Fußspitzen zeigen nach oben. Die Arme schulterweit öffnen und über den Kopf nach hinten strecken. Steißbein nach unten, Scheitelpunkt nach oben ziehen.

8a) Im Ausatmen den Beckenboden aktivieren, Sitzbeinhöcker zusammenziehen, Spannung halten und weiteratmen. Das linke Bein mit den Fersen nach unten schieben und mit der linken Hand leicht von innen gegen den rechten Oberschenkel drücken. Der Hinterkopf liegt am Boden oder ist einige Zentimeter vom Boden abgehoben. Seitenwechsel.

Body-Styling für Schultern & Arme

SCHÖNE SCHULTERN, STRAFFE OBERARME UND EIN ATTRAKTIVES DEKOLLETÉ: NICHT NUR IM SOMMER EIN ANMUTIGER ANBLICK. DIE TRAININGSSEQUENZEN AUF DEN FOLGENDEN SEITEN BRINGEN SIE DIESEM ZIEL EIN STÜCK NÄHER. DAS MACHT GARANTIERT WIEDER LUST AUF LEICHTE, AUSGESCHNITTENE KLEIDER!

Die Übungen auf den folgenden Seiten stärken die Arme, modellieren die Muskeln und sorgen für entspannte Schultern. Die Brustmuskulatur wird fester, das Bindegewebe straffer. Zusammen mit einem kraftvollen Rücken (siehe Seite 78 ff.) wirkt das wie ein natürlicher BH: Ihr Busen sitzt dort, wo er hingehört.

Doch geht es um weit mehr als »bloße« Schönheit. Sind Schulter-, Arm-, und Brustmuskeln ausgewogen trainiert, entspannt sich der Nacken. Alltägliche Tätigkeiten fallen plötzlich leichter: zum Beispiel Haare föhnen oder Einkaufstüten tragen. Beim Schwimmen, Tennis oder Golfen werden Ihre Armbewegungen kraftvoller. Und das Beste: Sie lassen einfach nicht mehr so oft die Schultern hängen.

Mit oder ohne Hanteln trainieren?

Möchten Sie schlanke und straffe Muskeln, arbeiten Sie ohne Gewichte. Mit Hanteln oder gefüllten Wasserflaschen bringen Sie Ihre Muskeln, ganz nach Wunsch, mehr zum Vorschein. Häufigster Fehler beim Training: Arme oder Schultern werden nicht isoliert bewegt, sondern es kommt zu Ausgleichbewegungen zum Beispiel im Oberkörper.

Wichtig deshalb: Achten Sie immer auf eine korrekte Ausgangsposition und eine ganzheitliche Körperspannung. Überschätzen Sie sich nicht, was die Gewichte anbelangt: Sie müssen auch beim letzten Durchgang die Übung so exakt ausführen wie am Anfang.

Anfänger starten zunächst ohne Gewichte, mit 1 Übung pro Muskelgruppe, 8–16 Wiederholungen und 2 Durchgängen mit je 30–60 Sekunden Pause dazwischen.

Geübte und Fortgeschrittene steigern zuerst die Häufigkeit der Wiederholungen, dann die der Durchgänge und zuletzt die Anzahl der Übungen oder sie nehmen Gewichte hinzu. Pro Übung 16–24 Wiederholungen und 3–5 Durchgängen, dazwischen je 30 Sekunden Pause.

Flexible **Schultern** – starke **Arme**

Der Deltamuskel verleiht der Schulter ihre Schönheit. Er ist der wichtigste Muskel im Schultergelenk. Er setzt an Schlüsselbein sowie Schulterblatt an und verläuft zum Oberarm. Er hebt den Arm nach vorn, nach hinten und zur Seite. Durch ihn werden alltägliche Bewegungen wie Zähne putzen oder Haare kämmen erst möglich. Üben Sie zunächst ohne Gewichte. Konzentrieren Sie sich auf eine korrekte Ausführung der Bewegungen. Später können Sie kleine Hanteln oder gefüllte Wasserflaschen von je etwa 0,5–1,5 Kilo Gewicht dazunehmen.

1) **Startposition**

Üben Sie im Sitzen – so können Sie Becken- und Wirbelsäulenstellung besser kontrollieren. Denn vor allem am Anfang reagiert der Oberkörper mit Ausweichbewegungen, die sich ungünstig auf den Rücken auswirken. Später, wenn Kraft und Körperspannung zugenommen haben, können Sie die folgende Übung auch im Stehen ausführen.

Aufrecht auf einen Stuhl oder Hocker setzen. Gewicht auf die Sitzbeinhöcker, Beine hüftweit öffnen, Unterschenkel senkrecht, Füße fest am Boden. Das Steißbein nach unten, den Scheitelpunkt nach oben ziehen. Die Arme seitlich neben dem Oberkörper hängen lassen. Im Ausatmen den Beckenboden aktivieren und die unteren Rippen nach innen ziehen, ohne den Rücken zu runden. Die Spannung halten, dabei weiteratmen.

1a) Beide Schultern nach unten Richtung Becken ziehen. Im Ausatmen die Arme seitlich bis auf Schulterhöhe anheben. Die Ellenbogen minimal beugen, die Handgelenke in Verlängerung der Unterarme strecken. Mit dem nächsten Einatmen die Arme langsam wieder senken.

1b) Aus der Startposition (1) die Arme drehen, die Handrücken zeigen nach vorn. Die Schultern senken und im Ausatmen den rechten Arm vor dem Körper auf Schulterhöhe anheben und im Einatmen wieder senken. Seitenwechsel. Dann mit beiden Armen gleichzeitig üben. In der Endposition zeigt der Handrücken nach oben und bildet mit Ellenbogen und Schulter eine Linie. Beckenboden und Bauchmuskeln bleiben während der ganzen Übung aktiviert.

Startposition

Rückenlage, ein mehrfach gefaltetes Handtuch unterlegen – das entlastet den unteren Rücken. Beine beugen, Füße hüftweit aufstellen, Wirbelsäule dehnen. Die Arme seitlich ausstrecken, Handflächen nach oben. Die Schultern nach unten Richtung Becken ziehen. Der Abstand zu den Ohren sollte möglichst groß sein. (2

2a) Im Ausatmen den Beckenboden aktivieren und die gestreckten Arme langsam heben, bis sich die Hände über dem Brustkorb fast berühren. Im Einatmen genauso langsam wieder senken. Dabei die Schultern bewusst nach unten Richtung Becken ziehen. Die Handgelenke bleiben in Verlängerung der Unterarme, die Ellenbogen leicht gebeugt.

Der Bizeps ist wohl der bekannteste Oberarmmuskel. Er setzt an Schultergelenk und Oberarm an, verläuft zur Speiche des Ellenbogens und beugt den Unterarm. Der Trizeps sitzt an der Oberarmrückseite. Da er im Alltag wenig gebraucht wird, macht er schnell schlapp. Beim Armtraining von Bizeps und Trizeps ist ein Verhältnis von 1:2 optimal. Üben Sie zunächst ohne Gewichte – konzentrieren Sie sich auf eine korrekte Ausführung der Bewegung. Erst dann nehmen Sie kleine Hanteln oder gefüllte Wasserflaschen von je etwa 0,5–1,5 Kilo Gewicht dazu.

1) Startposition
Aufrecht stehen, Beine hüftweit öffnen, Kniegelenke locker. Steißbein nach unten, Scheitelpunkt nach oben ziehen. Arme hängen leicht gebeugt seitlich neben dem Oberkörper, Handflächen zeigen nach vorn.

(1a
Im Ausatmen Beckenboden aktivieren. Den rechten Arm im Ellenbogen beugen und Unterarm Richtung Oberarm, gleichzeitig die Schultern nach unten ziehen. In der Endposition zeigen die Handrücken nach vorn. Mit dem nächsten Einatmen den Arm langsam wieder senken. Achten Sie auf stabile Handgelenke. Seitenwechsel.

2) Startposition
Aufrecht stehen, Beine hüftweit öffnen, Kniegelenke locker. Steißbein nach unten, Scheitelpunkt nach oben ziehen. Die linke Hand seitlich auf der Hüfte abstützen, die rechte nach oben strecken, Handgelenk in Verlängerung des Unterarmes, die Handfläche zeigt nach vorn.

3) Startposition

Schrittstellung, rechtes Bein beugen, linkes Bein nach hinten strecken. Den Oberkörper weit nach vorn verlagern und mit der linken Hand am rechten Bein abstützen. Den rechten Arm im rechten Winkel nach hinten anheben. Dabei ist der Oberarm fast parallel zum Boden. Wirbelsäule dehnen, Schultern Richtung Becken senken.

2a)

Im Ausatmen die Sitzbeinhöcker zusammen- und die unteren Rippen nach innen ziehen. Die Wirbelsäule aufrichten. Die Grundspannung halten, weiteratmen. Im Ausatmen den Unterarm nach hinten senken, dabei zeigt der Ellenbogen zur Decke, der Oberarm bleibt senkrecht. Im Einatmen wieder zur Ausgangsposition zurück. Seitenwechsel.

3a)

Im Ausatmen den Beckenboden aktivieren, die unteren Rippen nach innen ziehen. Die Spannung halten und weiteratmen. Mit dem nächsten Ausatmen den rechten Unterarm nach hinten strecken, der Ellenbogen ist kaum gebeugt. Der Oberarm bleibt unbewegt. Den Unterarm im Einatmen langsam wieder beugen. Seitenwechsel.

Startposition
Einen Stuhl oder Hocker vor eine Wand stellen. In die Knie gehen, auf die Stuhlkante setzen und mit den Händen auf dem Stuhl abstützen. Die Arme schulterweit öffnen, Fingerspitzen zeigen in Richtung Becken. Die Beine hüftweit öffnen, die Füße stehen fest am Boden. Die Wirbelsäule aufrichten, Schultern aktiv nach unten senken und den Scheitelpunkt des Kopfes nach oben ziehen. Jetzt mit dem Becken vom Stuhl rutschen.

(4

4a)

Im Ausatmen den Beckenboden aktivieren, die unteren Rippen nach innen ziehen. Die Spannung halten und weiteratmen. Aus dieser Position im Einatmen die Arme beugen, im Ausatmen langsam wieder strecken. Die Ellenbogen bleiben leicht gebeugt.

5) Startposition

Vierfüßlerstand, Knie (eventuell ein mehrfach gefaltetes Handtuch darunter legen) unter den Hüften. Hände unter den Schultern, Finger zeigen nach vorn oder sind leicht ausgedreht. Ellenbogen zeigen nach außen und sind leicht gebeugt. Schultern Richtung Becken ziehen. Wirbelsäule der Länge nach aufrichten.

5a) Im Ausatmen Beckenboden aktivieren, Sitzbeinhöcker zusammen- und die unteren Rippen nach innen ziehen. Spannung halten und weiteratmen. Aus dieser Position die Arme im Ausatmen beugen und den Oberkörper langsam nach vorn verlagern und senken. Dabei die Schultern Richtung Becken ziehen. Im Einatmen die Arme langsam strecken und zur Ausgangsposition zurück kommen. Die Ellenbogen bleiben leicht gebeugt.

Aus der Startposition heraus die Knie etwas hinter die Hüften setzen, Unterschenkel überkreuzen und gegeneinander drücken. Im Ausatmen die Arme beugen, im Einatmen wieder strecken, dabei den Oberkörper leicht nach vorn verlagern und senken. Kopf in Verlängerung der Wirbelsäule. Schultern in Richtung Becken ziehen. **(5b**

5c) Vierfüßlerstand, mit den Füßen nach hinten wandern, bis Oberkörper und Beine eine Schräge bilden, Arme leicht gebeugt, Kopf in Verlängerung der Wirbelsäule. Im Einatmen den Körper langsam Richtung Boden senken, bis die Arme rechtwinklig gebeugt sind. Im Ausatmen langsam wieder zurückkommen. Den Körper die ganze Zeit gespannt halten – den Rücken nicht durchhängen lassen.

Gut kombiniert: **Kraft** und **Beweglichkeit**

Das Nachdehnen ist ein wichtiger Bestandteil der sanften Kräftigungsübungen. Dynamisch ausgeführt erhält es die Beweglichkeit und unterstützt die Durchblutung, Ihr Körper regeneriert sich aktiv und Sie können entspannen. Gehen Sie langsam in die Dehnung und atmen Sie ruhig und gleichmäßig. Verweilen Sie 10–90 Sekunden in der Position. Genießen Sie die Entspannung!

1)

OBERSCHENKEL HINTEN
Langsitz, legen Sie eventuell ein Kissen oder ein mehrfach gefaltetes Handtuch unter das Steißbein. Ein Handtuch längs falten, an den Enden fassen und um die Füße legen. Den Oberkörper über den Sitzbeinhöckern aufrichten. Den Brustkorb heben, die Schultern senken. Schulterblätter leicht zur Wirbelsäule ziehen und den Oberkörper gestreckt nach vorn neigen. Arme leicht beugen. An der Dehngrenze das Becken 5- bis 6-mal sanft vor die Sitzbeinhöcker kippen.

2)

OBERSCHENKEL VORN
Großer Ausfallschritt, rechtes Bein nach vorn, das Knie ist und bleibt über dem Fußgelenk. Das linke Knie berührt den Boden (eventuell ein mehrfach gefaltetes Handtuch darunter legen). Mit beiden Händen am rechten Oberschenkel abstützen. An der Dehngrenze das Becken 5- bis 6-mal sanft nach vorn schieben und wieder in die Ausgangsstellung bringen. Seitenwechsel.

3) Oberschenkel innen

Langsitz (eventuell ein kleines Kissen oder ein mehrfach gefaltetes Handtuch unter das Becken legen), die Beine weit öffnen. Die Hände hinter dem Rücken aufstützen. Das Becken auf die Sitzbeinhöcker kippen, den Oberkörper aufrichten und aus den Hüften nach vorn verlagern, dabei den Brustkorb anheben. An der Dehngrenze das Becken 5- bis 6-mal sanft vor die Sitzbeinhöcker kippen.

4) Gesässmuskeln

Langsitz, die Hände hinter dem Rücken aufstützen. Den linken Fuß in weitem Abstand zum Becken auf den Boden stellen. Den rechten Unterschenkel (eine Handbreit über dem rechten Fußgelenk) auf den linken Oberschenkel legen. Becken nach vorn kippen, die Wirbelsäule aufrichten und die Schultern senken. An der Dehngrenze den linken Fuß 5- bis 6-mal anwinkeln und wieder flach auf den Boden stellen. Seitenwechsel.

5) Brustkorb und Oberarme vorn

Aufrecht stehen, die Füße hüftweit auseinander. Die Hände hinter dem Rücken falten, Schultern und Arme leicht nach hinten drehen. Arme strecken und etwas anheben. Die unteren Rippen leicht nach innen ziehen. An der Dehngrenze die Arme 5- bis 6-mal etwas höher heben, dann wieder senken.

6) Oberarme hinten

Aufrecht stehen, die linke Hand von oben hinter dem Kopf auf den Rücken legen. Mit der rechten Hand über den Kopf greifen, den linken Ellenbogen fassen und die Hand ein bisschen tiefer schieben. An der Dehngrenze 5- bis 6-mal etwas nachschieben, dann wieder locker lassen. Seitenwechsel.

Trainingstipps von **A–Z**

a

Atmung
Führen Sie jede Übung in Ihrem eigenen Atemrhythmus aus. Im Ausatmen die Muskeln aktivieren, sie ziehen sich zusammen. Im Einatmen die Anspannung lösen und in die Ausgangsstellung zurückgehen. Wird die Muskelspannung über eine längere Zeitspanne aufrechterhalten, locker weiteratmen. In der Pause alle Muskeln entspannen.

Auf- und Abwärmen
gehören zu jedem sportlichen Programm (siehe Seiten 40/41 und 96/97). Lockeres Gehen auf der Stelle mit Schulter- und Armkreisen sind zum Aufwärmen ideal. Nach 5–10 Minuten sollte Ihnen gleichmäßig warm sein. Das Abwärmen (Cooldown) bildet den Abschluss der Kräftigungsübungen: Sanftes, dynamisches Dehnen ist die ideale Vorbereitung auf Entspannung und Erholung.

Beckenboden
Besonders für Frauen eine wichtige Muskelgruppe – nicht nur während und nach einer Schwangerschaft! Sie ist leider von außen nicht sichtbar und wird vielleicht deshalb oft vernachlässigt.
Die Beckenbodenmuskeln schließen das Becken nach unten ab. Sie verlaufen von Sitzbeinhöcker zu Sitzbeinhöcker und vom Schambein zum Steißbein. Sie arbeiten mit den Muskeln der Wirbelsäule und der Beine zusammen. Bei allen Kräftigungsübungen sollte der Beckenboden aktiviert sein.

Beweglichkeits-Training
Nur wer ständig in Bewegung bleibt, kann fortschreitende Bewegungseinschränkungen verhindern. Regelmäßiges Dehn- oder Stretch-Training ist ideal. Bevor Sie mit den Dehnübungen beginnen, sollten Sie sich gründlich aufwärmen, zum Beispiel durch Gehen oder Laufen auf der Stelle. Wenn Sie warm sind, starten Sie mit den Dehnübungen (Seite 40/41). Sie spüren ein intensives Ziehen? Dann sind Sie auf dem besten Weg, Ihre Beweglichkeit zu verbessern. 10–90 Sekunden pro Übung genügen. Wichtig: Beim Dehnen die Schmerzgrenze nie überschreiten.

Cellulite
Ein typisch weibliches Phänomen. Die Ursache: Das Bindegewebe der Frauen ist lockerer als das der Männer. Deshalb ist es dehnfähiger (wichtig bei einer Schwangerschaft) und durch das weibliche Geschlechtshormon Östrogen insgesamt weicher. Falsche Ernährung und mangelnde Bewegung unterstützen die Bildung von Orangenhaut. Hier hilft Umstellung auf fettarme, vital- und ballaststoffreiche Ernährung sowie Aktivierung des Stoffwechsels durch Ausdauer- und Kraft-Ausdauer-Training. Lymphdrainagen können den Kampf gegen die Dellen an Po und Oberschenkeln langfristig unterstützen.

Durchgang
In der Fitness-Sprache auch *Set* oder *Satz* genannt. Bezeichnet eine bestimmte Anzahl festgelegter Übungssequenzen. Anfänger sollten mit 2 Durchgängen beginnen und dazwischen jeweils 30–60

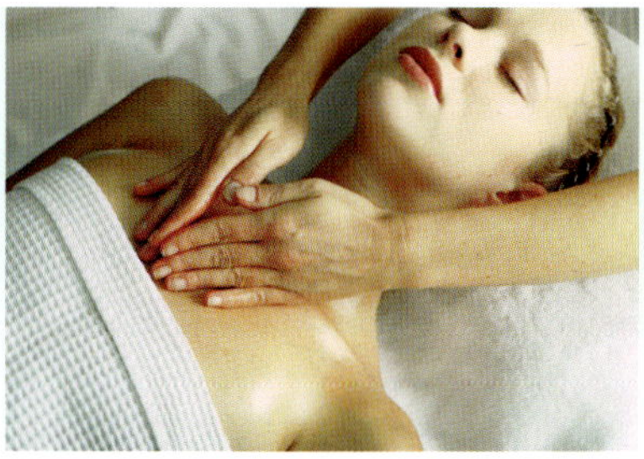

Sekunden Pause machen. Fortgeschrittene steigern sich auf 3–5 Durchgänge mit je 30 Sekunden Pause.

Erholung

Training und Erholung gehören zusammen. Nur wenn das Verhältnis der beiden Phasen zueinander stimmt, kann der Körper neue Energiereserven aufbauen. Je anstrengender ein Training war, umso länger sollte die Pause sein. Je besser Sie trainiert sind, desto schneller erholen Sie sich. Nach einem Kräftigungstraining für alle Muskelgruppen sollten Einsteiger 2–3 Tage Pause machen, Fortgeschrittene einen Tag. Wenn Sie immer nur eine Muskelgruppe trainieren, können Sie allerdings ohne weiteres am folgenden Tag mit der nächsten Muskelgruppe weitermachen – auch als Anfänger.

Kleidung

Für das Body-Styling-Programm brauchen Sie keine besondere Kleidung. Wichtig: Sie müssen sich wohl fühlen, ungehindert atmen und sich frei bewegen können. Jogginghose und T-Shirt sind ebenso in Ordnung wie ein modernes figurbetontes Outfit. Schuhe sind überflüssig: Sie können alle Übungen barfuß oder in rutschfesten Socken machen.

Kraft-Ausdauer-Training

Das ist Fettabbau, Straffung der Muskulatur und sanfter Muskelaufbau im Kombi-Pack. Wer sich davon dicke Muskelpakete erhofft, ist fehl am Platz. Charakteristisch für die Art des Trainings: viele Übungs-Wiederholungen, mehrere Durchgänge und kurze Pausen. Für Einsteiger heißt das zum Beispiel: pro Muskelgruppe bis zu 16 Wiederholungen, zwei Durchgänge und dazwischen jeweils 30–60 Sekunden Pause. Für Fortgeschrittene: bis zu 24 Wiederholungen, 3–5 Durchgänge, dazwischen 30 Sekunden Pause. Muten Sie sich nicht zu viel zu. Machen Sie nur so viele Wiederholungen, dass Sie auch die letzte Übung noch korrekt ausführen können.

Muskelkater

Eindeutig ein Zeichen von Überlastung. Kann sofort, aber auch erst zwei Tage nach der Belastung auftreten. Beruht auf kleinsten Verletzungen des Muskelgewebes. Bei Muskelkater helfen warme Bäder, leichte Massagen und ein reduziertes Bewegungstraining.

Nachdehnen

Ist ein wichtiger Bestandteil jedes sportlichen Trainings. Es erhält die Beweglichkeit; Sie können aktiv regenerieren. Körper und Psyche stellen sich auf Erholung ein. Folgende Muskelgruppen sollten unbedingt gedehnt werden: Oberschenkel hinten, vorn und innen; Brustkorb vorn und Halsbereich. Jede Dehnung zwischen 10 und 90 Sekunden halten.

Personal-Training

Training mit Trainerin oder Trainer, die/der individuell auf Bedürfnisse und Ziele eingeht. Ideal, wenn Sie ein kleines Motivationstief haben oder Ihre Fitness steigern möchten. Personal-Training gibt es als Herz-Kreislauf-, Muskelaufbau-, Beweglichkeits- und Fettstoffwechsel-Training. Aber

Trainingstipps von **A-Z**

S

auch Stressbewältigung, Massage oder Akupressur gehören zu den Angeboten. Die Bewegungsprogramme können durch Beratung in Ernährung und Ergonomie (Schreibtisch, Bürostuhl, Haushaltsgeräte usw.) ergänzt werden. Die Bezeichnung Personal-Trainer ist nicht geschützt. Wichtig: Personal-Trainer sollten eine mehrjährige Ausbildung in einem Bewegungsfachberuf haben, zum Beispiel als staatlich geprüfte(r) Gymnastiklehrer(in), Diplom-Sportlehrer(in) oder Sportwissenschaftler(in) mit Zusatzqualifikation. Infos siehe Seite 156/157.

Schwangerschaft
Gibt es medizinisch keine Einwände, ist ein dosiertes Kräftigungs- und Beweglichkeits-Training sehr zu empfehlen. Wichtig: Verzichten Sie ab der 25. Schwangerschafts-Woche auf Übungen in Rückenlage, da durch das Gewicht des Kindes die Hohlvene im Bauch abgedrückt werden kann: Das verursacht Übelkeit und Schwindel. Damit die Bauchmuskeln nach der Geburt nicht auseinander klaffen (*Rectusdiastase*), sollten vor allem die schrägen Bauchmuskeln trainiert werden (Seite 83/84 Übung 2a, b und 3a, b, c). Nach der Geburt erst wieder mit dem Training beginnen, wenn Sie die Beckenbodenmuskulatur regulieren können. Auch nach der Geburt zuerst die schrägen, dann die geraden Bauchmuskeln kräftigen. Alle Übungen des Body-Styling-Programms bauen auf einem aktivierten Beckenboden auf.

Sportmedizinische Untersuchung
Wenn Sie lange keinen Sport mehr getrieben haben, gesundheitlich nicht ganz auf dem Damm oder älter als 35 sind, sollten Sie sich von einer Sportmedizinerin oder einem Sportmediziner auf Herz und Nieren prüfen lassen. Basierend auf den Untersuchungsergebnissen können Sie Ihr individuelles Trainingsprogramm erstellen. So sind Sie sicher, das Beste für Ihre Gesundheit zu tun.

Superkompensation
Jeder Trainingsreiz führt nach einiger Zeit zu Ermüdung. Nach der Belastung beginnt die Erholungsphase, an deren Ende die Wiederherstellung der Leistungsbereitschaft steht. Dabei wird das Ausgangsniveau überschritten. Diesen Vorgang nennt man Superkompensation. Der Körper reagiert mit entsprechenden Anpassungserscheinungen: Die Muskeln werden gestärkt, die Herz-Kreislauf-Leistung verbessert, Mitochondrien, die kleinen Kraftwerke der Zellen, werden neu gebildet. Nur optimal gesetzte Trainingsreize bringen den gewünschten Leistungszuwachs.

Trainingshäufigkeit
Einmal ist besser als keinmal. Aber für einen dauerhaften Erfolg ist es nötig, dass Sie 2- bis 4-mal in der Woche trainieren, nur dann erzielen Sie gute bis sehr gute Effekte.

Trinken
Eine ausreichende Flüssigkeitszufuhr ist Grundvoraussetzung für einen gut funktionierenden Stoffwechsel. Doch vor allem

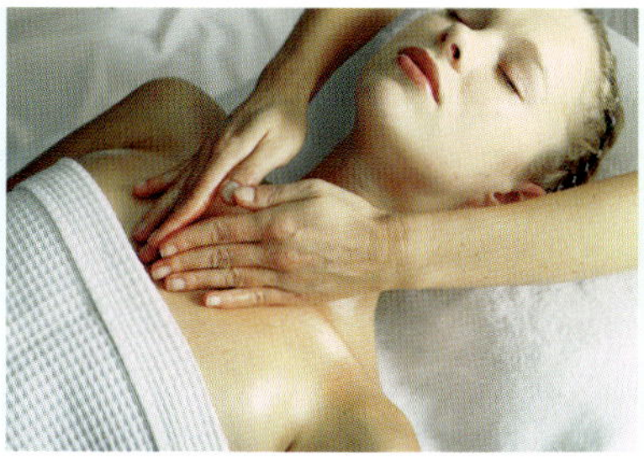

Frauen trinken viel zu wenig. Auch wenn Sie keinen Durst verspüren: 1,5–2 Liter Flüssigkeit am Tag sind das Minimum. Gesund sind Mineralwasser, ungesüßte Saftschorlen (Verhältnis von Saft zu Wasser 1:3) oder Früchte- und Kräutertees. Je aktiver Sie sind, umso mehr sollten Sie trinken. So sind Sie nicht nur leistungsfähiger, sondern helfen auch Ihrem Körper Giftstoffe abzubauen.

Übertraining
Bewegung und Sport sollen Spaß machen. Wer sich zu viel, zu schnell und zu oft fordert, schadet seiner Gesundheit. Zu spüren ist das an innerer Unruhe, schlappen Muskeln oder Muskelkrämpfen, körperlichem Leistungsabfall, häufigen Infekten und mangelnder Lust am Training. Deshalb: Gönnen Sie sich ausreichend Erholungsphasen. Machen Sie am Anfang mindestens 1–2 Tage Pause nach dem Training.

Vordehnen
Es ist umstritten, ob das Dehnen vor einer sportlichen Belastung das Verletzungsrisiko minimiert. In der Praxis hat sich jedoch gezeigt, dass Dehnübungen helfen, die Aufmerksamkeit in den Körper zu lenken. Das erleichtert die Konzentration auf bestimmte Muskelbereiche. Zur Vorbereitung auf eine aktive Leistung wird dynamisches Dehnen empfohlen, da sportliche Bewegungsabläufe in erster Linie auch dynamisch sind.

Wiederholungen
Als Einsteiger beginnen Sie pro Muskelgruppe mit 2 Durchgängen à 8–16 Wiederholungen. Wenn Sie sich schon etwas leistungsfähiger fühlen, erhöhen Sie die Zahl der Wiederholungen auf 16–24 pro Übung und dann die Durchgänge auf 3–5.
Wichtig: Auch die letzte Übung muss noch korrekt ausgeführt werden! Zwischen jedem Durchgang Pausen von 30–60 Sekunden einhalten.

Zerrung
Muskelzerrungen treten auf, wenn Muskeln übermäßig beansprucht werden, zum Beispiel bei einer unkoordinierten Bewegung. Von einer Zerrung spricht man, wenn wenige Muskelfasern zerreißen. Im Augenblick der Verletzung spürt man einen plötzlichen stechenden Schmerz, der wiederkommt, sobald man den betroffenen Muskel erneut belastet. Der Muskel ist hart, die Beweglichkeit eingeschränkt. Erste Hilfe: Körperteil ruhig stellen, kühlen.

Zwerchfellatmung
Das Zwerchfell ist der wichtigste Atemmuskel des Menschen und trennt den Brust- vom Bauchraum. In der Form erinnert es an einen aufgespannten Sonnenschirm. Beim Einatmen zieht sich das Zwerchfell zusammen, das »Schirmdach« wird flacher und senkt sich Richtung Bauchraum. Dadurch werden die Bauchorgane komprimiert, Bauchmuskeln und Beckenboden geben dem Druck nach und werden passiv gedehnt. Die Lungen können sich mit Luft füllen und ausdehnen. Bei der Ausatmung ziehen sich die Bauchmuskeln zusammen, Zwerchfell und Beckenboden schwingen zurück. Die Luft strömt aus den Lungen.

Körper, Geist und Seele in Einklang • **Ganzheitliche Trainingsmethoden** für Body & Mind kennen lernen • **Testen**, welche Methoden zu Ihnen und

Sanfte *Fitness*

Ihren Bedürfnissen passen • **Übungsprogramme** für Einsteiger und Fortgeschrittene • **Wohl fühlen** von Kopf bis Fuß

Gesucht & gefunden

Was Sie schon immer wissen wollten:

Yoga – nur für Bewegliche?

Beim Yoga zählen körperliche und geistige Achtsamkeit, nicht Leistung. Einsteiger beginnen mit Hatha- oder Kundalini-Yoga. Ashtanga- oder Iyengar-Yoga ist etwas für Fortgeschrittene.

(seite 110

seite 118, 120)

Verspannungen – was hilft?

Muskeln unter Dauerstress beginnen zu schmerzen. Sorgen Sie für Lockerung: mit Übungen aus dem Stretching, der Eutonie oder der Feldenkrais-Methode.

Entspannung im Wasser – gibt's das?

Water-Balancing, Wasser-Shiatsu oder Wasser-Tanzen entspannen total: Fließende Bewegungen im warmen Wasser schenken Wohlbefinden und ein Gefühl der Leichtigkeit.

(seite 126, 127

seite 122)

Was tun bei falscher Atmung?

Atemarbeit oder Atemtherapie helfen Ihnen, Ihren Atem bewusst zu erfahren. Mit Dehnungen, Stimmübungen und leichten Bewegungen finden Sie spielerisch zu einem natürlichen Atemrhythmus.

Rücken- und Gelenkbeschwerden?

Oft sind einseitige Bewegungen daran schuld. Mit Feldenkrais-Arbeit erkennen und durchbrechen Sie schlechte Bewegungsgewohnheiten. Pilates-Training sorgt für ein stützendes Muskelkorsett und entlastet die Wirbelsäule.

(seite 116

seite 114, 115)

Immer unter Hochspannung?

Wer stets auf Hochtouren läuft, kann über sanfte Bewegung leichter Entspannung finden. Besonders gut geeignet sind Yoga, Pilates, Tai Chi oder Qi Gong.

Antworten auf Ihre Fragen

Schwanger trainieren?

Für Schwangere sind sanfte Fitnessübungen ideal: Sie fördern Körpergefühl, Atmung und Entspannungsfähigkeit. Ideal: Beckenboden-Training, Hatha- oder Kundalini-Yoga, Stretching oder Atemarbeit.

seite 134

Sportliche Fitness und Entspannung – geht das?

seite 110, 116

Pilates oder Yoga bieten beides: Übungen zur Kräftigung der Muskeln und Entspannungssequenzen ergänzen sich bei diesen Sportarten perfekt.

Was tun bei Zeitmangel?

Wählen Sie Übungen, die Sie ohne großen Aufwand zwischendurch machen können, sogar im Büro: Eutonie, Atemarbeit oder Beckenbodentraining sind wie für Sie gemacht.

seite 140

Am liebsten mit Coach?

seite 120, 126

Atemarbeit, Feldenkrais, Eutonie, Wata® und Watzu® werden in Einzelarbeit mit einem Trainer oder Therapeuten durchgeführt. Individuelle Betreuung ist garantiert.

Welche Methode passt zu mir?

Welche Form der sanften Fitness für Sie am besten geeignet ist, hängt von Ihren Bedürfnissen, Ihren Vorlieben und Ihrer konditionellen Konstitution ab.

seite 130

Woran erkenne ich seriöse Anbieter?

seite 156

Qualifizierten Unterricht können Sie von Lehrern erwarten, die eine mehrjährige, abgeschlossene Ausbildung in einem Bewegungsberuf, zum Beispiel als staatlich geprüfte(r) Gymnastiklehrer(in), haben.

Entspannung für Body & Mind

Schneller, höher, weiter: Immer mehr Menschen erteilen diesem Leistungsprinzip eine Absage. Ganzheitliche Bewegungs- und Entspannungsmethoden sind dagegen gefragt. Wir stellen Ihnen die wichtigsten Strömungen vor: von traditionell bis absolut trendy.

Sie wollen und sollen sich mehr bewegen, dabei aber Stress möglichst vermeiden und reichlich Energie tanken? Sanfte Fitness heißt das Zauberwort, das Ihnen neben körperlicher Kraft auch jede Menge Enspannung verspricht. Natürlich leichte fließende Bewegungen bilden Muskeln, sorgen für meditative Entspannung und ein völlig neues Körpergefühl.

Körperbewusstsein oder Körperwahn?

Körper, Geist und Seele bilden eine Einheit – eine alte Erkenntnis. Doch steht beim Sport häufig nur das kosmetisch-ästhetische Interesse an einem perfekten Körper im Vordergrund. Dafür scheint kein Preis zu hoch: Im Schönheitswahn wird nach der Pfeife des Trainers getanzt, der Körper geschunden und eigene Grenzen werden ignoriert. Dieser Drill mag vielleicht Muskeln trainieren, vernachlässigt aber Körperwahrnehmung und seelische Befindlichkeit: Das ist oft der falsche Weg zum Glück. Statistiken belegen, dass die Zahl der Mädchen, Frauen und Männer, die an Körperwahn und Ess-Störungen leiden, in erschreckendem Maße zunimmt. Und Psychologen sprechen von einer wahren Fitness-Sucht. Das Motto »sich bewegen bringt Segen« wäre ad absurdum geführt, gäbe es nicht eine kräftige Gegenströmung, deren erklärtes Ziel die Einheit von Körper, Geist und Seele ist: Die uralten fernöstlichen Techniken *Tai Chi, Qi Gong* und *Yoga* finden immer mehr Anhänger.

Die ersten Pädagogen, die sich Anfang des zwanzigsten Jahrhunderts im Westen für eine neue Körper- und Bewegungsarbeit einsetzten, waren, mit wenigen Ausnahmen, Frauen, wie Bess M. Mensendieck (1864–1957), Elsa Gindler (1885–1961), Gerda Alexander (1908–1994) oder Ilse Middendorf. Bei einigen von ihnen gaben persönliche Erkrankungen und der Wunsch nach Heilung den Impuls, den eigenen Körper genau zu beobachten, seine

Entspannung für Body & Mind

Aquatische Körperarbeit: Entspannung für Körper und Seele.

Selbstheilungskräfte zu stärken und zu mobilisieren. Diesen Frauen war bereits bewusst, dass das Spüren und Erleben des »ganzen Leibes« positiven Einfluss auf das Gesamtbefinden hatte. Die Entdeckung dieses neuen Körpergefühls war zugleich ein erster Schritt zu mehr Selbstverantwortung des Einzelnen in Sachen Gesundheit. Basierend auf diesem ganzheitlichen Ansatz entwickelte Elsa Gindler zusammen mit dem Musikpädagogen Heinrich Jacoby (1889–1964) die Gindler-Jacoby-Arbeit, die wiederum starken Einfluss auf die heute in der Psychotherapie anerkannte Methode der »Konzentrativen Bewegungstherapie« hatte. Und auch Moshé Feldenkrais (1904–1984) ließ sich von ihrem ganzheitlichen Bewegungsansatz inspirieren.

Gerda Alexander verdanken wir die nach ihr benannte Methode (siehe Seite 120/121). Sie gründete 1940 in Kopenhagen ihre eigene Schule und rief 1959 den ersten internationalen Kongress für funktionelle Bewegung und Entspannung ins Leben.

Ilse Middendorf entwickelte ihre eigene Atemlehre. Sie erhielt eine Professur an der Hochschule für Musik und Darstellende Kunst in Berlin und ist Gründerin des Institutes für Atemtherapie und Atemunterricht in Berlin.

Die ganzheitlichen Konzepte dieser Frauen hatten nie größere Aktualität als heute: Sie sind Ausbildungsgrundlage für den Beruf der staatlich geprüften Gymnastiklehrerinnen und -lehrer, der Eutonie- oder Atempädagogen. Und sie finden praktische Anwendung in den Bereichen der Sport- und Tanzpädagogik, im Gesundheitswesen und der Wellnessbewegung.

Die Fitness-Industrie hat sich diese Entwicklung zunutze gemacht und kreiert fast täglich neue Body-and-Mind-Kurse: eine bunte Mischung aus östlichen und westlichen Techniken – neue Trends, die ihre Wirksamkeit erst noch beweisen müssen. Wie beispielsweise NIA, eine Mischung aus Aerobic, Yoga und Tanz, Chi Ball, die sanfte Gymnastik mit Aroma-Bällen oder Qi Gong Dancing, das klassische Übungen des Qi Gong mit leichten, spielerischen Elementen verbindet.

Lebensenergie im Fluss
Bei den Übungen des Tai Chi wird der Fluss des Chi, der Lebensenergie, durch die Handhaltung gesteuert. So können körperliches und geistiges Befinden positiv beeinflusst werden.

Sicher ist: Es existiert ein großes Bedürfnis nach ganzheitlichen Übungsprogrammen und der Wunsch nach einem sanften Umgang mit sich und dem eigenen Körper. Vor allem Frauen sind bereit, für ihre Gesundheit Verantwortung zu übernehmen und von ihrer körperlichen Intuition zu lernen. Sanfte Fitness-Methoden können sie dabei unterstützen: Sie fördern eine sensible Körperwahrnehmung, stabilisieren Leib und Seele – stabilisieren den Menschen in seiner Ganzheit.

Entspannung für Body & Mind

Yoga: wider das Leistungsprinzip

Bei Yoga denken viele Menschen spontan an Kopfstand, Lotossitz und andere akrobatische Verrenkungen. Doch die Körperübungen, die so genannten *Asanas*, sind nur ein Teil der Yogalehre und bei weitem nicht alle kompliziert. Die Übungen tragen oft Tier- oder Pflanzennamen, zum Beispiel Frosch, Kobra, Hund oder Baum und sind selbst für Anfänger geeignet. Weitaus komplizierter sind dagegen die Reinigungs- oder Atemtechniken, sie sollten daher nur unter professioneller Anleitung erlernt werden.

Yoga bedeutet so viel wie »sich sammeln, sich konzentrieren, vereint wirken lassen«. Genauer: Die Energien von Körper, Geist und Seele sollen sich in Harmonie verbinden. Ein Ziel, das allen Richtungen des Yoga gemeinsam ist.

Übungen mit philosophischem Hintergrund

Yoga geht auf die altindische Tantra-Philosophie zurück und wird vermutlich schon seit etwa 7000 Jahren praktiziert. Aus dieser Urform haben sich seitdem weitere Methoden entwickelt. Die einen betonen mehr den körperlichen, die anderen eher den meditativen Aspekt. Doch egal, um welche Schule es sich handelt: Körper-, Atem- und Entspannungsübungen sind immer wesentlicher Bestandteil der Praxis, je nach Richtung allerdings unterschiedlich gewichtet. Mit dieser Kombination, so die Überzeugung der Yogis, erreicht man körperliche Fitness, geistige Frische, bessere Konzentrationsfähigkeit und mehr Gelassenheit im Alltag.

Auch wenn Yoga in der westlichen Welt bislang kein anerkanntes Heilverfahren ist, wird seine Wirksamkeit in der Ergänzung zur Schulmedizin oder als alternative Therapie immer häufiger anerkannt. Werden die Übungen allerdings falsch ausgeführt, können sie mehr schaden als nutzen. Vor allem, wenn Sie gesundheitliche Probleme haben und unter Wirbelsäulen- oder Kniebeschwerden leiden. Besuchen Sie deshalb nur Yoga-Kurse, die von gut geschulten Lehrern geleitet werden. Als Anhaltspunkt: Eine fundierte Ausbildung dauert etwa drei Jahre. Der Berufsverband deutscher Yogalehrer (Adresse auf Seite 156) prüft und garantiert einen gewissen Qualitätsstandard.

Der Kniestand
Eine Ausgangsstellung für viele Yogaübungen – sie fördert das Gleichgewichtsgefühl.

Die Schulter-brücke
Diese Übung stärkt Oberschenkel- und Pomuskeln.

Damit Sie die richtige Methode für sich finden können, stellen wir Ihnen auf dieser und der nächsten Doppelseite die fünf bekanntesten Yoga-Arten jeweils kurz vor und nennen ihre Besonderheiten.

Hatha-Yoga

»Ha« bedeutet Sonne, Aktivität, Bewusstsein, Licht – »Tha« Mond, Passivität, Intuition und Emotion. Hatha-Yoga vereint also gegensätzliche Energien, die aber dennoch zu einer Einheit verschmelzen – wie Tag und Nacht. Das Gewicht liegt auf Körper- und Atemübungen, die einen Ausgleich zwischen diesen beiden Kräften schaffen sollen.

Im Hatha-Yoga gibt es 84 Körperstellungen oder Asanas, die die Kraft und Elastizität des Körpers fördern. Besondere Bedeutung kommt der Kräftigung der Rumpfmuskeln und der Flexibilität der Wirbelsäule zu. Alle Asanas werden ruhig und langsam durchgeführt, wobei einzelne Positionen sehr lange gehalten werden: Das dehnt die Muskeln. Ein gleichmäßiger Atemrhythmus vertieft die Wirkung: Aufmerksamkeit und Atem werden bewusst in bestimmte Körperbereiche gelenkt, der Körper wird optimal mit Sauerstoff versorgt.

Hatha-Yoga ist besonders für Einsteiger geeignet.

Kundalini-Yoga

Kundalini bedeutet so viel wie »zusammengerollte Schlange«: ein Bild für die in jedem Menschen am unteren Ende der Wirbelsäule, im Beckenboden, ruhende göttliche Kraft. Deshalb spielt der Beckenboden bei dieser dynamischen Form des Yoga eine sehr große Rolle. Mit Körper-, Atem- und Meditationsübungen soll die Kundalini-Energie geweckt werden. Vom Beckenboden steigt sie dann über einzelne Energiezentren (*Chakren*) empor: weibliche und männliche Energie verbinden sich.

Die Übungsreihen (*Kriyas*) sind in sich geschlossene Abläufe, die alle Energiesysteme ins Gleichgewicht bringen sollen. Die meisten Übungen werden im Sitzen absolviert, sie sind deutlich schwungvoller und aktiver als beim Hatha-Yoga. Übungen im Stehen sind eher selten. Auch beim

Entspannung für Body & Mind

Kundalini-Yoga hat die Atemtechnik große Bedeutung: Die Bandbreite reicht von der tiefen Bauchatmung bis zum oberflächlichen Hecheln, dem so genannten Feueratem. Unterstützt werden die Übungen durch *Mantras*, gesungene Worte oder Laute, welche die Mediation vertiefen. Mantras haben symbolische Bedeutung und können in den verschiedensten Lebenssituationen hilfreich sein.
Bei uns findet man Übungen des Kundalini-Yoga häufig bei der Geburtsvorbereitung oder in der Rückbildungsgymnastik. Ideal also für Frauen während oder nach der Schwangerschaft.

Asthanga-Yoga

Ashtanga heißt übersetzt »der achtgliedrige Weg«. Ziel des Asthanga-Yoga ist es, eine psychische und physische Ausdauer zu entwickeln, die sich auch im alltäglichen Leben auswirkt.
Die einzelnen Übungen werden, ähnlich wie Tanzschritte, in schneller Abfolge miteinander verbunden, was zugleich Körperspannung und Flexibilität erfordert. Die Bewegungen folgen einer festen Ordnung, wobei sie mit dem Atemrhythmus synchronisiert werden.

Asthanga-Yoga erfordert Kraft sowie Körperkontrolle und ist deshalb eher etwas für Fortgeschrittene. Viele Leistungssportler praktizieren diese Yoga-Variante, um einseitige Belastungen auszugleichen.

Iyengar-Yoga

Der indische Yoga-Meister B.K.S. Iyengar hat diese Methode in den Dreißigerjahren des 20. Jahrhunderts entwickelt. Der meditative Aspekt spielte dabei eine untergeordnete Rolle, vielmehr legte er großen Wert auf die Körperübungen und deren präzise Ausführung. In der perfekten Haltung und Durchführung sah Meister Iyengar den Weg, Körper, Geist und Seele in Einklang zu bringen.
Viele Übungen des Iyengar-Yoga werden im Stehen mit maximal gestreckter Wirbelsäule ausgeführt. Das Tempo ist schnell, die Bewegungen sind fließend und reihen sich ohne Pause aneinander. Eine kunstvolle Darbietung voller Anmut und Grazie, die Iyengar selbst propagierte und perfektionierte. Auch hier gibt es zum Schluss die wohlverdiente Entspannung.
Iyengar-Yoga stellt insgesamt eine eher sportliche Variante dar und ist insofern für Anfänger nicht so gut geeignet.

DER STAB
Der Körper wird allein durch die Muskelkraft von Armen und Beinen waagrecht zum Boden gehalten.

Die Heuschrecke
Das Heben und Strecken von Brustkorb und Beinen erzeugt Spannkraft im Körper. Zu empfehlen bei schwacher Rückenmuskulatur. Vorsicht allerdings bei Bandscheibenproblemen.

Power-Yoga

Das Fitness-Yoga wurde erst Anfang der Achtzigerjahre aus dem Asthanga-Yoga entwickelt. Echte Yogis rümpfen über diese moderne Form eher die Nase. Sie halten die frei erfundene Kombination von Übungen für oberflächlich. Power-Yoga wird meist in Fitness-Studios unterrichtet.
Sehr sportlich, schnell und anstrengend. Nichts für Einsteiger. Gut für Menschen, die sich mal ordentlich auspowern wollen und etwas frischen Wind in ihr Fitness-Programm bringen möchten.

Der Tänzer
Eine Variation im Kniestand. Dehnt die Hüft- und Oberschenkelmuskulatur. Stärkt das Gleichgewichtsgefühl. Nicht ausführen bei akuten Ischias- oder Bandscheibenproblemen.

Entspannung für Body & Mind

Der Weg zur Mitte

Legionen junger und alter Chinesen führen im Freien unisono dieselben Bewegungen aus – wer kennt dieses Bild nicht? Es sind Übungen aus *Tai Chi* oder *Qi Gong*, quasi staatlich verordnet, zur Erhaltung der Volksgesundheit.

Tai Chi, das bei uns fälschlicherweise auch oft als Schattenboxen bezeichnet wird, steht in enger Verbindung zu den Kampfkünsten. Die langsamen Bewegungen erfordern gute Körperbeherrschung sowie hohe Konzentration und haben stark meditativen Charakter.

Qi-Gong-Übungen können gezielt zur Vorbeugung oder Behandlung von Beschwerden eingesetzt werden, in China gehören sie deshalb zu den therapeutischen Maßnahmen der Traditionellen Chinesischen Medizin (TCM).

Auch im Westen sind diese beiden Bewegungsformen längst bekannt und sehr beliebt. Neben privaten Schulen haben zahlreiche Krankenkassen, Sportvereine oder Volkshochschulen die chinesische Bewegungs-Kultur in ihr Programm integriert.

Qi-Gong-Kugeln fördern die Beweglichkeit der Hände.

Qi Gong

Qi Gong baut, wie auch andere Elemente der Traditionellen Chinesischen Medizin, auf einer jahrtausendealten Tradition auf, wobei das medizinische Qi Gong, wie es heute im modernen China gelehrt und praktiziert wird, erst in den Fünfzigerjahren des 20. Jahrhunderts entstand. Im Laufe der Zeit haben sich viele Schulen des Qi Gong entwickelt, doch allen ist eines gemeinsam: Die Übungen sollen die Lebensenergie, das *Qi*, durch Atmung, Bewegung und Vorstellungskraft stärken und gleichmäßig fließen lassen. »Gong« meint sowohl die Disziplin als auch das Geschick, durch regelmäßiges Üben das Qi wahrnehmen und lenken zu können.

Je nach Herkunft, Absicht und äußerer Form unterscheidet man Übungen in Ruhe oder Bewegung. Die Übungen in Ruhe (*Jinggong*) werden meist im Liegen oder Sitzen ausgeführt. Sie erfordern ein hohes Maß an Konzentrationsfähigkeit, sind aber dadurch, dass sie keine körperlichen Anforderungen stellen, auch für bewegungsunerfahrene oder -eingeschränkte Menschen geeignet.

Die Übungen in Bewegung (*Donggong*) bestehen aus langsam fließenden und runden Bewegungsabfolgen. Zu den Übungen gehören teilweise auch Akupressur und Massage.
Die Übungen in Ruhe und Bewegung verbinden beide Aspekte und sind vor allem für Menschen geeignet, die erst Bewegung brauchen, um zur Ruhe zu kommen.
Bei allen Übungen des Qi Gong wird den Energiezentren, den *Dantians* besondere Aufmerksamkeit geschenkt. Ihre Stimulierung verbessert die Blut- und Qi-Zirkulation im Körper. Erreicht wird dies durch das Zusammenspiel von Vorstellungskraft, Atmung, Haltung und Bewegung. Da die Fehlerquellen beim Üben sehr groß sind, sollte man immer mit einem erfahrenen Lehrer beginnen (Adresse siehe Seite 157).

Tai Chi

Lange Zeit war Tai Chi die geheime Kampfkunst einer Familie, und wurde auch nur innerhalb dieser Familie Chen weitergegeben. Erst mit Beginn des zwanzigsten Jahrhunderts wird Tai Chi öffentlich unterrichtet. Heute existieren etwa 20 verschiedene Formen des Tai Chi; der *Yang-Stil* ist im Westen am bekanntesten.
Alle Übungen lassen sich auf 4 Stellungen zurückführen: Abwehren, Zurückrollen, Drücken und Stoßen – schon in dieser Begrifflichkeit wird die Nähe zum Kampf deutlich. Das Charakteristische an Tai Chi ist die so genannte »Form«: eine in sich geschlossene Bewegungsfolge, für die man etwa 15 Minuten benötigt. Ihre Ausführung verlangt große Bewegungsgenauigkeit und viel Geduld. Eine Mühe, die sich lohnt, denn wie Qi Gong, so bringt auch Tai Chi Körper und Seele in Einklang, harmonisiert Yin und Yang.
Allerdings wirken die Übungen im Rahmen der Gesundheitsvorsorge weniger spezifisch als die des Qi Gong. Sowohl Tai Chi als auch Qi Gong sind für Einsteiger und Bewegungsgeübte geeignet.

Die Kraft der Hände
Beim Tai Chi gibt es 7 verschiedene Formen der Handhaltung. Ihre korrekte Ausführung verlangt eine hohe Konzentration, denn sie müssen mit den Bewegungen von Beinen und Körper koordiniert werden.

Entspannung für Body & Mind

Pilates: west-östlicher Ansatz

Joseph Pilates (1880–1967) litt in jungen Jahren unter vielen Krankheiten. Weil er fest entschlossen war, durch körperliches Training wieder fit zu werden, entwickelte er, inspiriert durch fernöstliche Techniken, in den 1920er-Jahren ein ganzheitliches physiologisches und mentales Training. Es entstand eine ideale Mischung aus Stretching und Muskelkräftigung. Ziel der Übungen war es, den Rücken durch eine gute Körperhaltung und eine starke Körpermitte zu stützen.

Deshalb baut *Pilates* hauptsächlich die Bauchmuskulatur, den Lendenwirbelsäulen- und den Hüft-Becken-Bereich zum Kraftzentrum des Körpers auf. Die Beuge- und Streckmuskeln werden ausgewogen trainiert, sodass ein muskuläres Ungleichgewicht erst gar nicht auftreten kann oder über das Pilates-Training weitgehend ausgeglichen wird.

Der Aufbau von dicken Muskelpaketen wie beim Bodybuilding ist mit Pilates nicht möglich. Dafür werden besonders die tiefen, inneren Muskeln gekräftigt und gedehnt. Die Wirbelsäule wird beweglich. Das ist für eine optimale Körperhaltung entscheidend.

Geübt wird auf dem Boden oder an Geräten, die Pilates selbst entwickelt hat. Eine Übungseinheit dauert 1½ Stunden. Es trainieren maximal 5 Personen gleichzeitig, die individuell von einem Trainer betreut werden. Wichtig: Jede Übung sollte konzentriert und präzise ausgeführt werden. Das Tempo der Bewegungen wird vom Atemrhythmus diktiert. Ins Schwitzen kommt man dabei weniger und auch Muskelkater stellt sich eher selten ein. Dafür entwickelt sich ein ausgeprägtes Bewusstsein für den eigenen Körper. Das Ergebnis: geschmeidige Bewegungen, ein modellierter Körper und eine anmutige Haltung. Vor allem bei Tänzern und Schauspielern ist das Pilates-Training beliebt, denn es hilft ihnen selbst nach

DER STERN
Was so einfach aussieht, ist eine anspruchsvolle Variante für Geübte. Rücken-, Bein- und Pomuskulatur werden gekräftigt, das beugt Rückenproblemen vor.

Fersenmalen mit einem Bein
Dehnt die Beinrückseite, kräftigt die Bauchmuskeln und macht die Hüftgelenke beweglich.

Verletzungen schnell wieder auf die Beine. Pilates sorgt für schlanke Muskeln, Leichtigkeit und Anmut in der Bewegung.

In Amerika genießt die Trainingsmethode nach Pilates unter Medizinern schon lange großes Ansehen und gehört in vielen Kliniken zum festen Therapieprogramm. Heute wird Pilates weltweit gelehrt. In den USA erlebt es derzeit einen wahren Boom – dort zählt man inzwischen über 500 Pilates-Studios. Mittlerweile gibt es auch in Deutschland einige Studios mit entsprechenden Geräten und ausgebildeten Trainern. Doch Vorsicht ist angebracht, denn bis heute ist die Methode noch nicht gesetzlich geschützt, und jedes Fitness-Studio kann Pilates unterrichten. Viele der ursprünglichen Übungen können der modernen Bewegungslehre nicht mehr standhalten. So plädierte Pilates beispielsweise für eine gerade Wirbelsäule. Dagegen unterstützen Bewegungstherapeuten heute die natürliche »Doppel-S-Form« der Wirbelsäule, denn das sorgt für eine gleichmäßige Belastung von Bandscheiben und Muskeln.

Adressen von gut ausgebildeten Trainern in Ihrer Umgebung erhalten Sie über die »Body Control Pilates Association« (Adresse siehe Seite 157). Sie hat ihren Sitz in London und arbeitet eng mit Physiotherapeuten und Ärzten zusammen.

Boden-Übungen zum Ausprobieren gibt es auf Seite 142.

Entspannung für Body & Mind

Feldenkrais-Methode®

Ein einfacher Test macht deutlich, worum es geht: Falten Sie Ihre Hände wie zum Gebet. Welcher Daumen liegt oben? Der rechte oder der linke? Falten Sie jetzt alle Finger andersherum, sodass der andere Daumen oben liegt. Fühlt sich irgendwie ungewohnt und falsch an, oder? Die meisten Menschen sitzen, stehen und bewegen sich oft auf dieselbe Weise, ohne zu wissen, dass und warum sie das eigentlich machen. Manchmal gibt der Körper in Form von Schmerz oder Unwohlsein einen Hinweis darauf, dass etwas nicht optimal funktioniert. Hier setzt die *Feldenkrais-Methode®* an: Sie hilft, Haltungsgewohnheiten zu erkennen und zu verstehen. Zusammenhänge zwischen Bewegung, Denken und Fühlen werden deutlich gemacht. Möglich werden solche Erfahrungen durch Bewegungen, die unsere Wahrnehmung auf das lenken, was wir gerade tun. Indem wir Gewohntes erkennen lernen, gewinnen wir die Freiheit, etwas Neues auszuprobieren. Das Empfinden für Leichtigkeit und Wohlbehagen wächst. Das versetzt uns in die Lage, klar zu entscheiden, was für uns zum aktuellen Zeitpunkt richtig ist.

Ist der erste Schritt getan, geht es darum, gewohnte Bewegungsmuster zu erweitern oder zu durchbrechen. Entwickelt wurde die Methode von dem Physiker und Judoexperten Dr. Moshé Feldenkrais (1904–1984). Seit seiner frühen Jugend trieb er aktiv Sport. Durch eine Knieverletzung erkannte er den Zusammenhang von körperlicher Bewegung, Denken und Fühlen. Er machte sich zum Ziel, die Koordination von Gehirn und Bewegung zu verbessern. Sein Konzept basiert auf der Annahme, dass die meisten Menschen schon als Kinder in bestimmte Haltungs- und Bewegungsmuster gedrängt werden und diese als Erwachsene unbewusst beibehalten.

Bei der Feldenkrais-Methode® gibt es zwei Ansätze:

1. Im Gruppenunterricht, Feldenkrais – Bewusstheit durch Bewegung®, führen die Teilnehmer vorgegebene Übungen aus. Dabei geht es nicht um die Quantität, also die Häufigkeit, der Wiederholungen, sondern um die Qualität der Bewegung hinsichtlich Tempo und Kraftaufwand. Die Übungen werden meist im Liegen angeleitet, damit die Muskeln der Schwerkraft nachgeben und sich Verspannungen lösen können. Über das spielerische Testen von Bewegungsabläufen lernen die Teilnehmer, ihre Körperwahrnehmung zu verfeinern, die Qualität ihrer Bewegung zu verbessern und Alternativen zu gewohnten Bewegungen zu finden: So kann beispielsweise erlernt werden, wie man sich mühelos und ohne Anstrengung von einer Seite auf die andere rollen kann, was man nachts im Bett ja häufig tut. Oder wie man spielend leicht aus dem Liegen aufsteht, ohne Wirbelsäule und Rücken unnötig zu belasten. Folge: Die Körperhaltung verbessert sich, das Selbstwertgefühl steigt.

2. In der Einzelarbeit, Feldenkrais – Funktionale Integration®, führt der Schüler aktiv keine Bewegung aus, sondern wird durch die Hände des Lehrers bewegt. So entsteht ein Bewegungs-Dialog zwischen den Händen des Lehrers und dem Körper des Schülers. Das Ergebnis sind oft eindrucks-

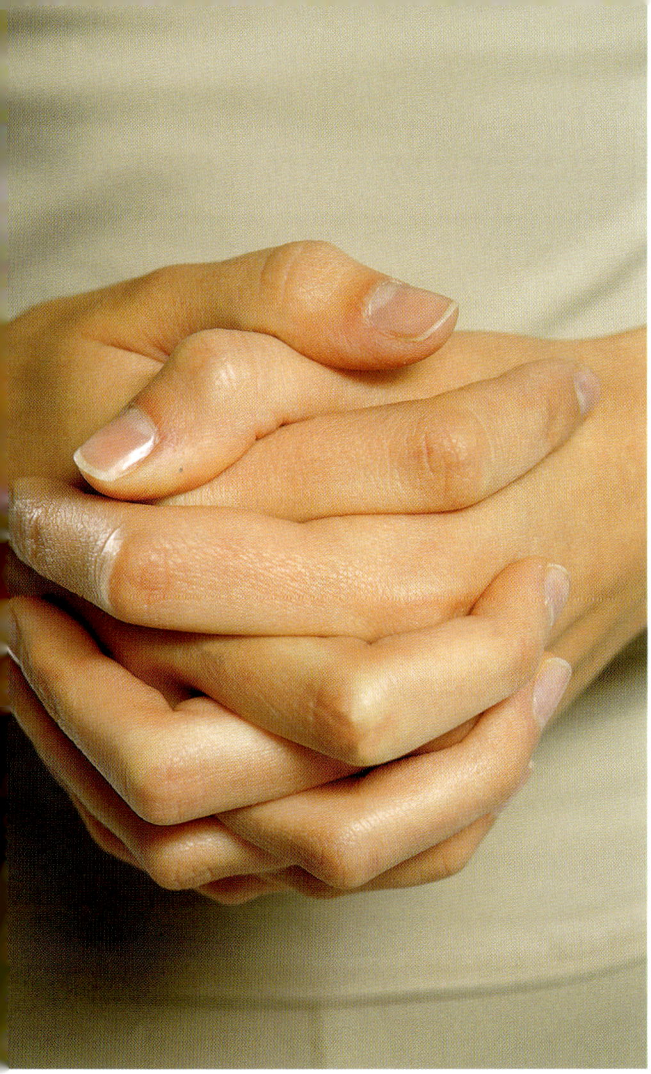

Basis der Feldenkrais-Methode®: gewohnte Bewegungsmuster erkennen und bewusst verändern.

volle Veränderungen in den Haltungs- und Bewegungsmustern des Lernenden. Geeignet ist diese Methode für alle, die größere individuelle Aufmerksamkeit wünschen oder benötigen. Dies kann zum Beispiel nach einem Unfall oder einer Operation, bei Bewegungseinschränkungen oder starken Schmerzen, bei akuten oder chronischen Erkrankungen oder anderen persönlichen Problemen der Fall sein.

Feldenkrais® ist für alle geeignet, die mehr über sich erfahren wollen und dabei einen körperlichen Ansatz wählen. Für Menschen, die lernen wollen, sich mit Leichtigkeit und Eleganz zu bewegen, die neue Wege im Umgang mit sich selbst, ihrem Sport, ihren Schmerzen oder Einschränkungen suchen, die sich anhand von Bewegung selbst besser kennen lernen wollen oder nach Alternativen zu ihren eingefahrenen Bewegungs- und Haltungsmustern suchen. Das Alter spielt dabei keine Rolle. Voraussetzung ist allerdings eine Portion Neugier und Aufgeschlossenheit für neue, ungewohnte Bewegungsmuster. Und ein bisschen Geduld, denn die Bewegungen werden sehr langsam ausgeführt. Nur so können Unterschiede wahrgenommen werden. Haben Sie aber erst eimal den Vorteil der Langsamkeit entdeckt, können Sie von dieser Methode nur profitieren.

Feldenkrais-Methode®, Feldenkrais – Bewusstheit durch Bewegung® oder Feldenkrais – Funktionale Integration® sind eingetragene Begriffe und dürfen nur von Personen benutzt werden, die ein nach internationalen Richtlinien anerkanntes Training abgeschlossen haben oder daran teilnehmen.

Unterrichtet wird Feldenkrais® unter anderem in privaten Studios oder an Volkshochschulen. Informationen erhalten Sie beim Berufsverband der Vereinigung der Feldenkrais-LehrerInnen Deutschland (Adresse siehe Seite 156).

Entspannung für Body & Mind

Eutonie Gerda Alexander®

Entwickelt wurde die Eutonie in den 1930er-Jahren von der Rhythmiklehrerin Gerda Alexander (1908-1994). »Unser Ziel ist, den Menschen in die Lage zu versetzen, sich auf die Wirklichkeit des Augenblicks einzustellen«, sagte die Pädagogin selbst über ihre Methode. Anliegen der Eutonie ist die Harmonisierung des körperlichen Spannungszustandes. Durch das Lösen von Fixierungen wird der Körper in die Lage versetzt, flexibel auf wechselnde Anforderungen zu reagieren. Eutonie versteht sich als westlicher Ansatz, die körperlich-geistige Einheit des Menschen herzustellen oder zu bewahren und sein Bewusstsein auf diese Weise zu erweitern.

Das Wort Eutonie stammt aus dem Griechischen und bedeutet so viel wie Wohlfühlspannung. Gemeint ist damit jene Körperspannung, die der jeweiligen Lebenssituation entspricht: Bei der Arbeit am Computer ist eine andere Spannkraft gefordert als beim Spazierengehen oder Schlafen. Deshalb ist die Eutonie auch keine Entspannungsmethode im wörtlichen Sinn. Die Übungen sollen helfen, Körper und Geist jeweils in dem Spannungszustand zu halten, der in einer bestimmten Situation oder für eine spezielle Tätigkeit notwendig ist. So wie zum Beispiel ein Musiker lernt, die Saiten seines Instrumentes zu stimmen und ihnen dadurch die richtige Spannung, den richtigen Ton zu geben, helfen die Übungen der Eutonie, die jeweils richtige Körperspannung zu finden. Wer innerlich ständig unter Strom steht, kann mithilfe eutonischer Übungen muskuläre Verspannungen lösen und sich entspannen. Wer sich dagegen oft schlapp und abgespannt fühlt, entwickelt mit Eutonie eine natürliche Dynamik und mehr Energie.

Kursteilnehmer üben sich in Ruhe und Gelassenheit, spüren die Aufrichtung von den Füßen bis zum Scheitel und stehen in gutem Kontakt zu sich und zu anderen. Sie verfeinern ihr Gespür für die eigenen Grenzen, den Umgang mit der eigenen Kraft und das Gefühl für ihr körperlich-seelisches Gleichgewicht. Das wirkt positiv auf Atmung und Kreislauf. Beschwerden des Alltags, wie Stress, Verspannungen,

Die Füße aufwecken: Wichtig für ermüdungsfreies Stehen ist ein guter Kontakt zum Boden.

Wichtiges Prinzip in der Eutonie: Anspannung abgeben, sich in den Boden »sinken« lassen.

Schmerzen oder Bewegungseinschränkungen, können sich auflösen.

Einige Übungen erhöhen die Spannung im positiven Sinne: Sie steigern den Grundtonus der Muskeln – die Körperhaltung wird straffer und entspannter, die Achtsamkeit steigt. Andere Übungen wiederum reduzieren ein Zuviel an Spannung, lösen Verspannungen und lindern Schmerzen.

Dabei sind Ehrgeiz und Anstrengung nicht gefragt. Ein achtsamer Umgang mit sich selbst hingegen hilft, die Körperwahrnehmung zu verbessern, eigene Grenzen zu beachten und neue Möglichkeiten auszuschöpfen.

Unterrichtet wird Eutonie in Gruppenkursen und Einzelstunden sowie in Wochenend-Seminaren. Die Arbeit erfolgt in Ruhe und Bewegung – manchmal mithilfe von Materialien, wie Bambusstöcken oder Bällen. Es gibt kein Vor- oder Nachmachen. Auf Suggestionen oder Autosuggestionen wie zum Beispiel beim Autogenen Training wird bewusst verzichtet.

Eutonie Gerda Alexander® hilft bei Verspannungen von Nacken und Rücken, bei Schmerzen in Knochen und Gelenken, bei Atemstörungen, Herz- oder Kreislaufbeschwerden, bei kalten Händen und Füßen, Kopfschmerzen und Ohrgeräuschen, Stress oder Schlafstörungen. Oder einfach bei dem Wunsch, den täglichen Anforderungen etwas gelassener zu begegnen.

Die Eutonie hat sich ihren Platz in pädagogischen oder sozialen Institutionen ebenso erobert wie bei der Gesundheitsvorsorge oder in der Kunst. Klinische Erfolge bei Jugendlichen und Erwachsenen verzeichnet man mit dieser Methode vor allem im Bereich der Psychosomatik oder der Neurologie.

Eutonie Gerda Alexander® ist ein geschützter Begriff. Die Ausbildung zum Eutonie-Pädagogen dauert in der Regel viereinhalb Jahre. Nur das Diplom einer anerkannten Schule berechtigt, den Namen und das Zeichen zu benutzen. Informationen erhalten Sie bei der Deutschen Eutonie Gesellschaft Gerda Alexander (Adresse siehe Seite 156).

Entspannung für Body & Mind

Atemarbeit: der Hauch des Lebens

Wir atmen zwar automatisch, aber oft nicht tief genug. Gerade unter Anspannung und Stress bleibt vielen die Puste weg – und damit geht ihnen Energie verloren. Denn Sauerstoff ist eine der wichtigsten Powerquellen des menschlichen Körpers Richtig zu atmen ist eigentlich eine Fähigkeit, die wir nicht erlernen müssen, sondern die uns in die Wiege gelegt wurde.

Doch mit der Zeit verlieren wir offensichtlich diese Fähigkeit – darunter leidet die Sauerstoffversorgung unseres Organismus. Bei richtiger Atmung hebt und senkt sich der Bauch in einem gleichmäßigen Rhythmus. Müssen wir uns anstrengen, bei Aufregung, Angst oder in anderen Stress-Situationen, wird der Atem schneller und oberflächlicher: Wir atmen zu viel in die Brust und zu wenig in den Bauch. Ebenfalls ein weit verbreiteter Fehler: Wir geben zu wenig verbrauchte Luft ab, Giftstoffe werden nicht optimal ausgeschieden.

Wird hastiges oder falsches Atmen zur Gewohnheit, bleiben die Folgen nicht aus: Chronische Müdigkeit, Einschlafschwierigkeiten, Verspannungen oder Probleme mit der Verdauung sind nur ein paar Beispiele. Falsches Atmen irritiert auch das Nervensystem: Es kann Angstzustände und Schwindelgefühle verursachen, die unter Atemtherapie in aller Regel wieder völlig verschwinden.

Wie positiv der bewusste Einsatz von Atmung sein kann, wissen viele Frauen von der Geburt ihrer Kinder: Richtiges Atmen während des Geburtsvorgangs bindet die Konzentration und lindert Schmerzen.

Aus all diesen Gründen lohnt es sich, ganz bewusst auf die Atmung zu achten. Das wusste man offensichtlich schon früher, denn Atemübungen praktizierte man bereits vor Hunderten von Jahren in China und Indien; sie sind beispielsweise fester Bestandteil der Yogalehre.

Die moderne Atemarbeit, wie sie heute praktiziert wird, wurde vorwiegend von den Gymnastiklehrerinnen Bess Mensendiek, Elsa Gindler, Clara Schlaffhorst und Hedwig Andersen in den 1920er-Jahren entwickelt.

Inzwischen gibt es verschiedene Atem-Schulen und -Verfahren, wie zum Beispiel »Der erfahrbare Atem« von J. Middendorf, die Atemlehre von J. Schmitt oder die Lehre vom bewusst zugelassenen Atem von E. Kemman-Huber. Sie alle sagen, dass über den Atem das körperliche und seelische Befinden beeinflusst werden kann, weil eine enge Wechselbeziehung zwischen Atem, Körperhaltung, seelischer Verfassung, Bewegung, Denken und Sprechen besteht: Das ist die Basis der Atem- und Leibtherapie.

Atemübungen führen zu einem vollkommen neuen Körperbewusstsein, Emotionen, die schlecht verbalisiert werden können, lösen sich. Dies aktiviert die Selbstheilungskräfte des Körpers.

Der Unterricht erfolgt in Gruppen- oder Einzelarbeit. In den Gruppenstunden steht das selbstständige Üben im Vordergrund. Die Übungen werden im Sitzen auf Hockern, im Stehen, Liegen oder in Bewegung ausgeführt. Dabei wird der Atem-

Atmen ist Lebenskraft
Richtiges Atmen beeinflusst unser Wohlbefinden. Es versorgt unseren Körper mit lebenswichtigem Sauerstoff, verbessert unser Körperbewusstsein und befreit von angestauten Emotionen.

fluss direkt oder indirekt durch Bewegungs- und Sprechübungen, Dehn- und Ruhelagerungen beeinflusst.
Bei der Einzelarbeit liegt der Klient auf einer Behandlungsliege. Die Atemtherapeutin stimuliert seinen Atem mit ihren Händen durch Druck oder Schütteln.
Bei beiden Methoden kann man anschließend über das Erlebte sprechen und einen Bezug zum Alltag herstellen. Die Atemarbeit hat ihren festen Platz in der ganzheitlichen Gymnastik, der Logopädie, der Krankengymnastik und besonders in der Gesundheitsvorsorge. Erkundigen Sie sich nach qualifizierten Therapeuten und Pädagogen bei der Arbeits- und Forschungsgemeinschaft für Atempflege e. V. (Adresse siehe Seite 156).

Entspannung für Body & Mind

Wer seine Beckenbodenmuskeln regelmäßig trainiert, kann vielen körperlichen und psychischen Beschwerden aktiv vorbeugen.

Mehr Sinnlichkeit und Spannkraft: sanftes Beckenboden-Training

Er ist der sinnlichste aller Muskeln und hat entscheidenden Einfluss auf Atmung und Haltung. Er fördert Spannkraft und Ausstrahlung und sorgt für mehr Spaß in der Liebe. Dabei ist er den meisten Frauen und Männern unbekannt. Kein Wunder, denn das muskuläre Meisterwerk ist von außen nicht sichtbar.

Die Anhänger des Kundalini-Yoga vermuten im Beckenboden gar den Sitz der göttlichen Kraft, der Lebensenergie, die es zu wecken gilt. Für Neugeborene ist er das Tor zur Welt, für frisch gebackene Mütter oft lange Zeit ein Problem. Doch auch häufiges und falsches Sitzen kann die Muskelgruppe im Beckenboden überdehnen. Langes Stehen auf High Heels lässt sie regelrecht »durchhängen«.

Und manchmal bereitet sogar das, was eigentlich Spaß machen sollte, statt Lust nur Frust: Schmerzen beim Sex, so sagen Gynäkologen, sind für jede fünfte Frau normal. Diese Schmerzen können aus einer zu hohen Spannung der Beckenbodenmuskeln resultieren. Oder unliebsame »Nachwehen« einer Schwangerschaft sein. Denn bei der Entbindung machen die Beckenbodenmuskeln schlapp, werden überdehnt, manchmal sogar verletzt. Statistiken belegen gar, dass jede zweite Frau ab 40 beim Husten, Niesen, Lachen oder bei körperlicher Belastung, zum Beispiel beim Sport, tröpfchenweise Probleme mit dem Beckenboden hat.

Rückenbeschwerden vorbeugen

Der anatomisch richtige Gebrauch dieser handtellerdicken und -großen Muskelgruppe lässt diffuse Rückenbeschwerden verschwinden, entspannt die Schultern, lässt Organsenkungen und Inkontinenz erst gar nicht entstehen. Ein aktiver Beckenboden ist Voraussetzung für eine straffe Bauch-, Bein- und Pomuskulatur und einen langen Atem. Dies wären Gründe genug, sich der verborgenen Muskeln anzunehmen. Doch die meisten Frauen machen erst in Zeiten von Schwangerschaft, Geburtsvorbereitung oder Rückbildungsgymnastik Bekannt-

Entwickeln Sie zuerst ein Gefühl für den Beckenboden, bevor Sie mit den Übungen beginnen.

schaft damit. Vielleicht auch deshalb, weil sie sich so gar nichts darunter vorstellen können. Wie sieht er denn aus, der Beckenboden? Seine Muskeln liegen in drei Schichten übereinander und bilden eine etwa handtellergroße Platte, die das knöcherne Becken nach unten hin abschließt. Werden diese Muskeln zu schwach, können sie, wie andere Muskeln auch, wieder gekräftigt werden. Kein Grund also, wegen einer schwachen Beckenbodenmuskulatur Scham zu empfinden. Oder würden Sie sich wegen Ihrer schwachen Rückenmuskeln schämen?

Unterrichtet wird das Beckenbodentraining in Einzel- oder Gruppenarbeit. Kurse finden Sie bei privaten Gymnastik-Studios, Volkshochschulen und Krankenkassen oder im Rahmen von Geburtsvorbereitungs- oder Rückbildungsgymnastik. Bei einer anatomisch funktionellen Körperarbeit, wie der ganzheitlichen Gymnastik, ist der bewusste Einsatz des Beckenbodens selbstverständlich.

Staatlich geprüfte Gymnastiklehrerinnen mit 3-jähriger Ausbildung erteilen qualifizierten Unterricht und sorgen für eine kompetente pädagogisch-psychologische Betreuung. Informationen erhalten Sie beim Berufsverband staatlich geprüfter Gymnastiklehrerinnen und -lehrer e. V., DGymB (Adresse siehe Seite 156).

Entspannung für Body & Mind

Aquatische Körperarbeit: einfach abtauchen und sich wohl fühlen ...

Wie ein Fisch im Wasser: Aquatische Körperarbeit®

Aquatische Körperarbeit®, das ist Entspannung total. Water-Balancing, Wasser-Shiatsu® oder Liquid-Sound-Pool heißen die neuen Wassertherapien, die in Form von Einzelarbeit mit speziell ausgebildeten Trainern umgesetzt werden: Relaxen mit ruhigen Bewegungen im warmen Pool, Aqua-Wellness in schwereloser Form. Die Aquatische Körperarbeit versteht sich als Bewegungs- und Berührungskunst, ein Wechselspiel der Hingabe an die Impulse des Wassers und des menschlichen Körpers in Bewegungen voller Anmut und innerer Musik.

Wasser-Shiatsu® oder WATSU®

ist eine Körpertherapie in 35 Grad warmem Wasser. Sie wurde von Harold Dull (USA) 1980 entwickelt. Mithilfe von Shiatsu-Massagen, Meridian-Dehnungen und Gelenkmobilisationen soll die Lebensenergie (Qi) im Menschen wieder zum Fließen gebracht werden. Wasser-Shiatsu® oder WATSU® versucht alte Haltungs- und Bewegungsmuster aufzulösen, die Wirbelsäule zu entlasten und die Atmung zu ver-

Sich von Wasser und starken Händen tragen lassen – ein unvergleichlicher Genuss!

tiefen. Da bei WATSU® eine starke körperliche und seelische Nähe entsteht, sind ein sicherer geschützter Rahmen und Vertrauen zur Trainerin wichtig.

Wasser-Tanzen WATA®

ist eine dynamische Bewegungstherapie im 35 Grad warmen Wasser. Unter Wasser mit Nasenklemme gleitet der »Empfangende« in die schwerelose Dreidimensionalität.

Dehnungen, Streckungen und delphinartige Bewegungen helfen nicht nur körperliche Spannungen zu lösen, sondern ermöglichen auch tiefe Entspannungs- und Meditationszustände.

Liquid-Sound-Tempel

Hier geht es weniger therapeutisch zu. Auch sportliche Aktivitäten sind nicht gefragt. Im Gegenteil, man hat im Pool nichts weiter zu tun, als nichts zu tun. Doch das will gelernt sein. Mit einer Kombination aus Wasser, Wärme, Klang und Licht gelingt das mühelos. Alles beginnt, sobald man mit den Ohren unter der Wasseroberfläche und mit der Nase knapp darüber ist: Fast schwerelos treibt man im körperwarmen Salzwasser.

Entwickelt wurde diese Mischung aus Therapie und Entertainment vom Medienkünstler Micky Remann.

Informationen über die neue Wasserkultur, entsprechende Gruppen und qualifizierte Trainer, so genannte Aquatic Bodyworker, erhalten Sie beim Netzwerk für Aquatische Körperarbeit e. V. (Adresse siehe Seite 157).

Entspannung für Body & Mind

Neue Trends

Die Fitness-Welt teilt sich in zwei Lager. Den einen kann es nicht schnell und kraftvoll genug sein. Für sie stehen Spinning, Body-Pump und Tae-Bo-Aerobic ganz oben auf der Hitliste. Die anderen suchen ihr Glück in Body-and-Mind-Kursen, die wie Pilze aus dem Boden schießen. Da werden Tanz und asiatischer Kampfsport, Stretching und Tai Chi, Yoga und Aerobic miteinander kombiniert. Nach dem Motto East meets West wird Altbewährtes in immer neuen Variationen serviert, schließlich kann man das Rad auch nicht noch einmal erfinden.

Egal, wie die neuen Fitness-Sportarten heißen, eines ist ihnen gemeinsam: Sie wollen Stress abbauen, frische Energie bringen und eine gute Figur machen.

Wir stellen Ihnen auf dieser Doppelseite zwei Trends vor, die zurzeit ganz oben auf der Hitliste der Studios stehen.

Chi Ball

Der Trend aus Australien wurde von Monica Lindford auf der Basis der Farb- und Aromatherapie kreiert. Die Chi Ball Methode kombiniert Tai Chi und Qi Gong mit Yoga, Pilates-Training, Feldenkrais® und Übungen aus der Tiefenentspannung. Mithilfe von bunten, duftenden Bällen soll das Qi, die Lebensenergie, wieder in Fluss kommen. Das Training weckt nostalgische Erinnnerungen an die gute alte Ballgymnastik. Mit dem Unterschied, dass die Armschwünge englische Bezeichnungen haben, *half moon* oder *full moon* heißen und voller Symbolik sind. Trainiert wird barfuß, dazu gibt es viele Hinweise auf Atmung, Meridiane und den Energiefluss.

Wer Chi Ball als Übungsleiter unterrichten möchte, macht eine zweitägige Schulung und los geht's. Die Workouts sind den Trainern allerdings vorgeschrieben: Es gibt nicht besonders viel Abwechslung in den Bewegungen.

NIA Technique

NIA steht für »Neuromuskuläre Integrative Aktion«. Was so wissenschaftlich klingt, bedeutet ganz einfach, dass Muskeln und Nerven, Körper und Geist in Einklang kommen. Dafür werden östliche und westliche Bewegungsformen miteinander kombiniert: Die Stille und Konzentration von Tai Chi, die Dynamik bestimmter Yogaformen, die explosive Kraft traditioneller Kampfsportarten und die Spontaneität des modernen ethnischen Tanzes.

NIA nimmt von allem eine Prise und mixt daraus einen Choreographie-Cocktail, der männliche und weibliche Elemente zu einem Programm vereint , das auch Stimmungen und Gefühle zum Ausdruck bringen will. Wer möchte, darf während des Trainings einfach mal drauflosschreien. Denn NIA soll stark, selbstbewusst und locker machen. So sind die Bewegungen mal weich und fließend, dann wieder rhythmisch und kraftvoll. Und bei pantomimischen Übungen in der Gruppe oder beim Blocktanz kommt man nicht nur sich selbst etwas näher.

Untermalt wird das Training vom rhythmischen Klang afrikanischer Trommeln, temperamentvoller lateinamerikanischer Gitarrenmusik oder meditativen Klängen.

Spielerischer Kampf
NIA: eine Mischung aus Tanz- und Kampfsport, mal schnell, mal langsam. Jeder wählt sein individuelles Tempo.

Entwickelt wurde die NIA Technique in den 1980er-Jahren in Amerika von den Aerobic-Trainern Debbie und Carlos Rosas. Ihnen waren die sich ständig wiederholenden Schrittfolgen beim Aerobic zu einseitig. Sie suchten nach Abwechslung und entwickelten deshalb ein Programm, das dem Übenden schöpferischen Freiraum lässt und Körper und Seele gleichermaßen anspricht.

Sanfte Fitness zum Kennenlernen

OB WIRBELWIND ODER TRÄUMER, JEDER BRAUCHT EINEN AUSGLEICH ZU DEN ANFORDERUNGEN DES ALLTAGS: ABTAUCHEN UND DIE SEELE STREICHELN, LAUTET DIE DEVISE. MIT DEN ÜBUNGEN DIESES KAPITELS KEIN PROBLEM: TESTEN SIE, WAS AM BESTEN ZU IHNEN PASST.

Es gibt viele Wege, um Körper, Geist und Seele wieder in Einklang zu bringen. Doch nicht jeder ist für jeden gleich gut geeignet. Wenn Sie den Test auf der vorherigen Seite gemacht haben, wissen Sie schon etwas genauer, welcher »Sanfte-Fitness-Typ« Sie sind und was für Sie die passende Methode sein könnte. Auf den folgenden Seiten lernen Sie die verschiedenen Bewegungsprogramme praktisch kennen. Allerdings dienen die Übungen wirklich nur zum »Reinschnuppern«, denn bei den vorgestellten Techniken ist es generell empfehlenswert, sich einem gut ausgebildeten und erfahrenen Trainer anzuvertrauen. Viele Methoden der Körperarbeit sind nicht geschützt, das heißt, jeder kann sie unterrichten – egal, ob er eine mehrjährige bewegungspädagogische Ausbildung oder lediglich ein Wochenendseminar absolviert hat. Scheuen Sie sich deshalb nicht, zu fragen, wo und wie lange die Lehrerinnen oder Lehrer ausgebildet wurden oder erkundigen Sie sich bei den entsprechenden Berufsverbänden (Adressen siehe Seite 156/157). Dort gibt man Ihnen gerne Auskunft darüber, wo Sie auch in Ihrer Nähe seriöse und qualifizierte Kurse finden. Bevor Sie sich für eine verbindliche Teilnahme entscheiden, bitten Sie um eine Probestunde. Bei den meisten Kursanbietern ist dies eine Selbstverständlichkeit, denn nur so können Sie beurteilen, ob die Methode, der Lehrer oder die Gruppe für Sie wirklich geeignet sind.

Mit den Übungen in diesem Kapitel können Sie sich schon einmal Appetit holen: Testen Sie Stretching, Atemarbeit, Beckenboden-Training, Pilates und Yoga. Wichtig: Trainieren Sie in einem gut gelüfteten Raum. Tragen Sie warme und bequeme Kleidung. Eine Matte oder eine Decke als Unterlage für die Übungen im Liegen wäre nicht schlecht, vor allem wenn der Fußboden kalt und hart ist. Legen Sie die Uhr ab und stellen Sie das Telefon außer Reich- und Hörweite. Dann kann's losgehen.

Mehr Beweglichkeit durch **Stretching**

Sanfte Dehnübungen verbessern die Beweglichkeit, fördern Körperwahrnehmung und mentale Entspannung. Angenehmer Nebeneffekt: Die Konzentrationsfähigkeit nimmt zu, der Atem wird tiefer. Bevor Sie beginnen: Mindestens 5–10 Minuten aufwärmen, das aktiviert den Stoffwechsel. Jede Position 10–90 Sekunden mit einem intensiven Dehnreiz halten. Dabei bewusst ein-, dann lang und tief ausatmen.

2)

BRUST- UND BAUCHMUSKULATUR

Vierfüßlerstand, Knie (auf Handtuch oder Kissen) unter den Hüften, Hände unter den Schultern. Die Arme lang nach vorn ausstrecken. Po, Wirbelsäule und Kopf bilden eine Linie, die Stirn berührt den Boden. Die Oberschenkel bleiben senkrecht, der Brustkorb sinkt zum Boden, Schultern aktiv Richtung Becken ziehen. Variationen: Abwechselnd rechte und linke Schulter nach unten zum Boden schieben. Abstand zwischen den Händen verändern – das dehnt unterschiedliche Anteile der Brustmuskulatur.

1)

SEITLICHE UND HINTERE HALSMUSKULATUR

Aufrecht stehen, Arme seitlich neben dem Oberkörper, Handflächen zeigen nach vorn. Den Kopf vom Scheitelpunkt nach oben aufrichten. Dann in einem weiten Bogen nach links neigen. Der Blick bleibt nach vorn gerichtet, das rechte Ohr zieht bildlich gesprochen sanft nach oben, die rechte Hand behutsam nach unten. Kopf zur Mitte zurück und die Bewegung nach rechts und zum Schluss nach vorn ausführen. Dabei das Brustbein aufrichten und das Kinn zum Hals senken.

3) Oberschenkelvorderseite

Links großer Ausfallschritt, das linke Knie bleibt über dem Fußgelenk, Hände am Boden oder auf dem Oberschenkel abstützen. Rechten Unterschenkel am Boden auflegen, gefaltetes Handtuch zur Polsterung unters Knie. Variation: Das Becken 4- bis 5-mal sanft nach vorn schieben. Seitenwechsel.

4) Oberschenkelinnenseite

Rückenlage (am besten vor einer Wand). Beine senkrecht anheben, weit grätschen. Die Beine mit den Händen von innen oberhalb des Knies fassen. Sanft auseinander drücken.

5) Oberschenkelrückseite

Für diese Dehnung brauchen Sie ein Handtuch als Hilfsmittel, damit die Schultern entspannt und die Wirbelsäule gestreckt bleiben können.
Rückenlage. Das linke Bein aufstellen, das rechte am Unterschenkel mit dem Handtuch umfassen und senkrecht in die Luft strecken. Mit den Armen das rechte Bein etwas dichter zum Oberkörper ziehen. Variation: Den Fuß 4- bis 5-mal beugen und strecken. Seitenwechsel.

6) Gesässmuskulatur und Aussenrotatoren

Rückenlage. Beide Beine anwinkeln und aufstellen. Den rechten Fuß auf den linken Oberschenkel legen. Beide Beine zum Oberkörper ziehen und mit den Händen den linken Oberschenkel umfassen. Der Kopf liegt in Verlängerung der Wirbelsäule auf dem Boden, das Kinn sinkt zum Hals. Variation: Das Knie mit den Händen umfassen. Seitenwechsel.

Mehr Energie durch **Atemarbeit**

Atmen müssen wir eigentlich nicht lernen, wir können es von Geburt an. Und doch atmen viele Menschen falsch: zu kurz, zu flach, zu schnell. Dabei ist richtiges Atmen der Schlüssel zu Gesundheit, Wohlbefinden und Harmonie. Mit den Übungen auf dieser und der nächsten Doppelseite lernen Sie, auf spielerische Weise Ihren Atem wahrzunehmen. Sie verlängern das Ausatmen und finden wieder zu einem gesunden Atemrhythmus.

Wohliges Rekeln (1

Öffnen Sie das Fenster. Rekeln, strecken und dehnen Sie sich ausgiebig. Genießen Sie die frische Luft, atmen Sie tief ein und aus. Herzhaftes Gähnen ist eine prima Atemübung.

2) Flankendehnung

Brustkorb und Zwerchfell werden sanft gedehnt, der Atem belebt. Schneidersitz, eventuell ein Kissen unter dem Becken. Oberkörper aufrichten und nach links neigen. Mit dem linken Unterarm am Boden abstützen, Ellenbogen unter der Schulter, Handfläche nach oben. Das Becken bleibt am Boden. Den rechten Arm in weitem Bogen über den Kopf führen. Dehnung halten, dabei ruhig und gleichmäßig weiteratmen. Nach einer Weile zur Mitte zurückkommen und ausruhen. Seitenwechsel.

3

Den Atem wahrnehmen

Setzen oder stellen Sie sich bequem hin. Richten Sie den Oberkörper auf und lassen Sie die Schultern entspannt sinken. Legen Sie die Hände abwechselnd auf Brustkorb und Bauch und spüren Sie Ihrem Atem nach, ohne ihn zu beeinflussen: Wo nehmen Sie Ihren Atem deutlich wahr, wo weniger und wo wäre mehr Atembewegung wünschenswert? Wiederholen Sie diese Übung noch einmal am Ende dieses Übungsprogramms. Bemerken Sie einen Unterschied?

4

Schwingen wie ein Baum

Aufrecht hinstellen, Beine hüftweit geöffnet. Nehmen Sie wahr, wo Sie mit Ihren Füßen den Boden berühren. Beginnen Sie leicht über Ihren Füßen zu schwingen. Verlagern Sie dabei das Gewicht einmal nach vorn auf die Fußballen und einmal nach hinten auf die Fersen. Dann nach rechts und links. Bleiben Sie die ganze Zeit in sich stabil, wie ein Baum im Wind. Verbinden Sie anschließend alle vier Richtungen zu einem Kreis. Beobachten Sie, wie Ihr Atem darauf reagiert.

Tief Ausatmen

5

Gründliches Ausatmen entspannt und beruhigt, lockert und macht Platz für neue Energie. Nehmen Sie einen Luftballon. Durch die Nase tief einatmen, dann über den Mund ausatmen, dabei den Luftballon aufblasen.

5a

Wie viele Atemzüge brauchen Sie, bis er ganz aufgeblasen ist? Wiederholen Sie diese Übung ein paarmal hintereinander. Erstaunlich, aber wahr: Sie kräftigt auch die Bauchmuskeln.

6) Seifenblasen

Diese Übung lässt Sie auf spielerische Weise lang ausatmen. Sie brauchen dafür Seifenblasen, die Sie in jeder Spielwarenabteilung bekommen. Röhrchen in die Seifenlauge tauchen, herausnehmen und kräftig und lange pusten – lassen Sie die Seifenblasen fliegen. So oft wiederholen, wie es Spaß macht.

7) Wechselseitige Nasenatmung

Diese Übung verstärkt die Sauerstoffaufnahme, erfrischt und beruhigt zugleich. Setzen Sie sich bequem hin, halten Sie Rücken und Kopf aufrecht. Verschließen Sie mit dem Daumen der linken Hand das rechte Nasenloch. Atmen Sie langsam durch das linke Nasenloch ein. Wenn Sie eingeatmet haben, verschließen Sie mit Mittel- und Zeigefinger das linke Nasenloch, öffnen das rechte und atmen langsam aus. Dann atmen Sie rechts wieder ein, verschließen das rechte Nasenloch und atmen links aus. Es entsteht ein geschlossener Atemzyklus. Beginnen Sie mit 4 Zyklen und steigern Sie sich später auf 16 Wiederholungen.

Sanftes Training für den **Beckenboden**

Die Beckenbodenmuskeln schließen das knöcherne Becken nach unten ab. Sie verlaufen vom Schambein zum Steißbein und verbinden die beiden Sitzbeinhöcker miteinander. Wussten Sie, dass der Beckenboden Ihr Körpergefühl und Ihre Haltung entscheidend beeinflusst? Deshalb bauen unsere Gymnastik- und Fitnessprogramme auf dem bewussten Einsatz dieser Muskelgruppe auf. Starten Sie mit den folgenden Übungen auf Entdeckungsreise ins Innere Ihres Körpers.

1a Stellen Sie sich aufrecht hin, die Füße hüftweit geöffnet, die Knie leicht gebeugt. Legen Sie die Finger der rechten Hand vorn auf das Schambein und die Finger der linken Hand hinten an das Steißbein. Stellen Sie sich vor,wie sich dazwischen Ihre Beckenbodenmuskulatur wie eine kleine Hängematte spannt.

1) Wahrnehmung
Die Muskeln des Beckenbodens sind bei jeder Aktivität in Aktion, beim Sprechen, Lachen, Husten, ja sogar beim Küssen! Probieren Sie es aus: Setzen Sie sich aufrecht auf einen Hocker oder einen Sitzball. Räuspern Sie sich oder husten Sie ein paarmal und beobachten Sie, wo Sie die Bewegung spüren können: im Hals, im Zwerchfell, im Beckenboden?

1b) Setzen Sie sich auf einen Sitzball oder einen Hocker. Schieben Sie die Handflächen unter die Sitzbeinhöcker. Spüren Sie den Raum zwischen beiden Knochen: Hier befinden sich die Beckenbodenmuskeln.

2)

Der Fahrstuhl

Rückenlage, Becken auf einem Kissen. Beine im rechten Winkel auf einen Sitzball oder einen Hocker legen. Spüren Sie zu den 4 Punkten, zwischen denen die Beckenbodenmuskeln gespannt sind: Schambein, Steißbein und Sitzbeinhöcker. Im Ausatmen diese Punkte leicht nach innen ziehen und den Beckenboden sanft nach oben bringen. Stellen Sie sich einen Fahrstuhl vor. Sie fahren mit dem Beckenboden in den ersten, zweiten, dritten Stock. Die anderen Muskeln – Beine, Bauch und Po – bleiben locker. Im Einatmen mit dem Fahrstuhl langsam wieder nach unten fahren. Ausruhen. 3-mal 8 Wiederholungen.

Sanfte Kräftigung

Unterarm-Kniestütz, der Kopf ruht in den Händen. Im Ausatmen mit dem Beckenboden wieder Fahrstuhl fahren: Stockwerk für Stockwerk. Schaffen Sie es bis in die fünfte Etage? Lassen Sie auf dem Rückweg die Anspannung nicht abrupt los, sondern stufenweise. Das ist um einiges schwieriger. Ausruhen. 3-mal 8 Wiederholungen.

(3

4)

Blütenblätter

Auf den Boden setzen, Oberkörper aufrichten, Fußsohlen aneinander legen, Knie locker nach außen sinken lassen. Stellen Sie sich vor, Ihr Beckenboden ist eine Seerose mit vier großen Blütenblättern. Wenn Sie einatmen, entfalten sich die Blätter nach allen Seiten, zum Schambein, Steißbein und den Sitzbeinhöckern. Mit dem Ausatmen schließt sich die Blüte wieder. Spüren Sie, wie der Beckenboden diese Bewegung ganz sanft mitmacht.

Geschmeidigkeit und innere Ruhe mit **Pilates**

Die klassische Trainings-Methode für Körper und Seele gilt zwar als neuer Studio-Trend, erlebt aber eigentlich ein Comeback. Da Pilates viel Spielraum für Variationen und eigene Kreativität lässt, wird es in den Studios sehr unterschiedlich unterrichtet. Klären Sie in einem persönlichen Gespräch, ob eher ein sanfter oder fordernder Stil zu Ihnen passt. Auf dieser und der nächsten Doppelseite zeigen wir Ihnen leichte und super effektive Übungen zum Ausprobieren zu Hause.

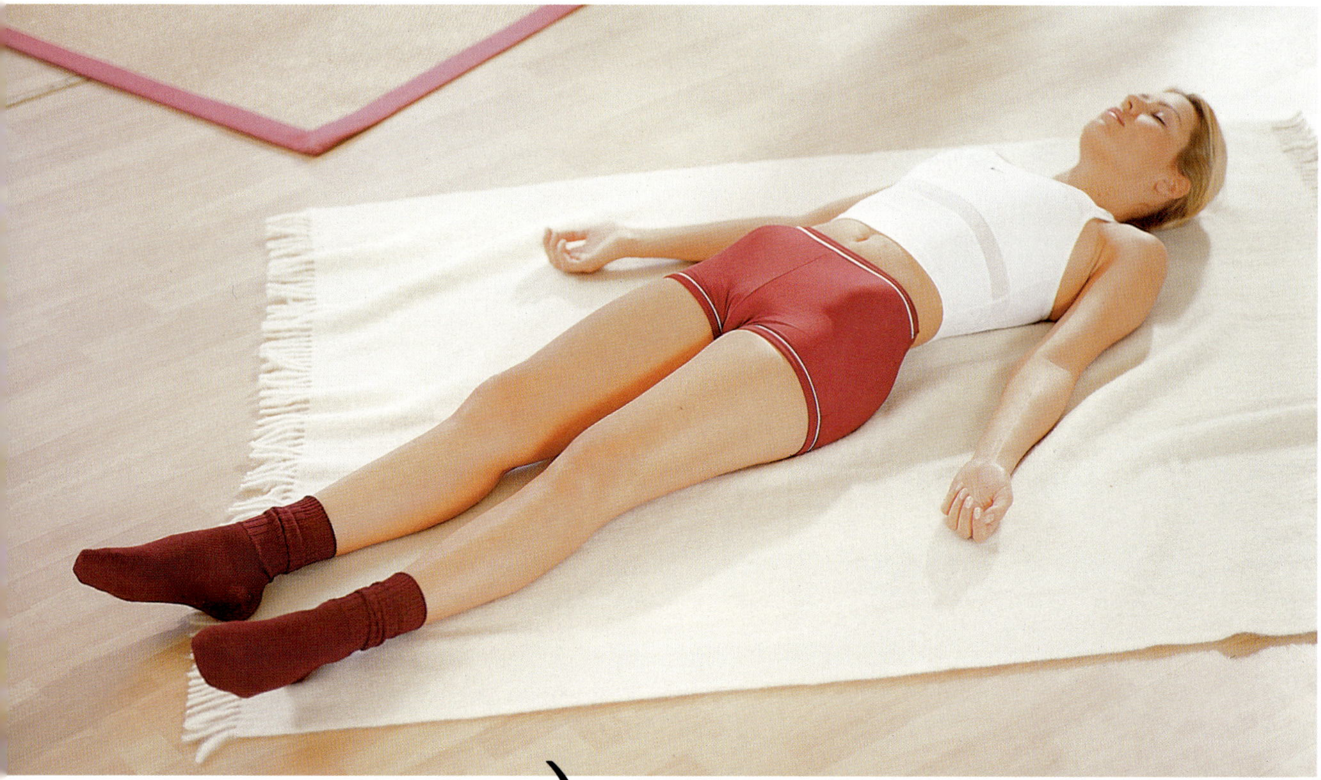

1) **Relax-Position**

Beginnen und beenden Sie jede Trainingseinheit in der Entspannungshaltung. Dauer: etwa 5 Minuten. Rückenlage. Arme und Beine in angenehmem Abstand zueinander, Kopf in Verlängerung der Wirbelsäule. Beobachten Sie Ihren Atem, ohne ihn zu beeinflussen, lassen Sie Ihren Körper mit jedem Ausatmen tiefer in den Boden sinken.

2) Hip Rolls

Hip Rolls – zu Deutsch Hüftrollen – kräftigen die tiefe, quer laufende Bauchmuskulatur und formen eine schöne Taille.
Rückenlage. Arme neben dem Oberkörper. Beine anwinkeln, Knie über den Hüften, Unterschenkel parallel zum Boden. Mit dem Ausatmen den Bauchnabel quasi zur Wirbelsäule einziehen und die linke Poseite vom Boden heben, dabei die Beine rechts etwas Richtung Boden senken. Mit dem nächsten Ausatmen zurück zur Mitte. Seitenwechsel.
2-mal 8 Wiederholungen.

3) Curl up

Kräftigt die Bauchmuskulatur und mobilisiert die Wirbelsäule.
Rückenlage. Die Beine anwinkeln, Füße aufstellen. Arme parallel zum Boden ausstrecken, Kopf in Verlängerung der Wirbelsäule auf den Boden legen. Im Ausatmen den Bauchnabel zur Wirbelsäule ziehen. Den Kopf vom Boden heben, die Wirbelsäule Wirbel für Wirbel aufrollen, aber nur so weit, dass Sie die unteren Spitzen der Schulterblätter noch am Boden spüren können. Im Einatmen langsam wieder in die Ausgangsposition zurückgehen.
2-mal 8 Wiederholungen.

4) Hip Flexor Stretch

Die Dehnung der Hüftbeugemuskulatur entspannt den unteren Rücken und macht das Becken beweglich. Rückenlage. Beine hüftweit öffnen. Das linke Bein langsam zum Oberkörper ziehen und das Knie mit beiden Händen umfassen. Gleichzeitig das andere Bein nach unten strecken. Wer möchte, kann den Kopf anheben. Seitenwechsel. Jede Dehnung 15 Sekunden halten, dabei tief atmen. 2-mal 8 Wiederholungen.

Leg Circle (5

Das Beinkreisen entlastet die Venen und beugt Krampfadern vor. Rückenlage. Arme seitlich abspreizen. Rechtes Bein gerade ausstrecken, linkes Bein langsam heben, bis es senkrecht in der Luft steht. Mit der Fußspitze kleine Kreise in die Luft malen. 5 Atemzüge nach rechts kreisen, dann nach links. Anfänger können das rechte Bein auch anwinkeln und aufstellen. Seitenwechsel. 2-mal 8 Wiederholungen.

6)

Soft Stretch

Die Dehnung der Taille macht den Rücken beweglich und stärkt die Schultern. Langsitz. Arme seitlich ausstrecken, bis auf Schulterhöhe anheben, Handflächen zeigen nach unten. Wirbelsäule aufrichten und den Oberkörper aus der Taille heraus sanft ein Stück nach rechts drehen. Die Spannung 3 Atemzüge lang halten. Langsam zurück und in die Gegenrichtung drehen. 2-mal 8 Wiederholungen.

7)

Energy-Kick

Die Entspannungshaltung dehnt den unteren Rücken und versorgt den Kopf mit mehr Sauerstoff. Fersensitz. Den Oberkörper langsam nach vorn neigen und auf die Oberschenkel legen. Die Stirn berührt dabei den Boden. Die Arme nah an den Oberkörper legen und die Schultern nach unten sinken lassen. 5 Atemzüge in dieser Position verweilen, dann langsam Wirbel für Wirbel wieder aufrichten.

Iyengar-Yoga: Bewegung im Fluss

Die Übungen des Iyengar-Yoga sind etwas für Perfektionisten und Fortgeschrittene der indischen Bewegungskunst. Üben Sie entweder vor oder 2 Stunden nach einer Mahlzeit. Sie können jede Übung einzeln ausführen oder alle Übungen fließend ineinander übergehen lassen. Atmen Sie dabei ruhig und gleichmäßig weiter. Nehmen Sie die jeweilige Haltung langsam ein, fühlen Sie in Ihren Körper hinein und beachten Sie Ihre Grenzen. Überfordern Sie sich nicht! Wenn Sie regelmäßig üben, werden Sie wie von selbst immer beweglicher. Führen Sie die Übungen zuerst zur angegebenen Seite aus, wechseln Sie dann im zweiten Durchgang die Seiten.

1) Der Krieger
Aufrecht hinstellen, Füße hüftweit öffnen. Die Knie etwas beugen, Po- und Bauchmuskeln leicht anspannen, Oberkörper aufrichten und Schultern nach unten ziehen. Machen Sie die Wirbelsäule so lang wie möglich. Die Arme seitlich anheben und gestreckt über dem Kopf zusammenführen. Die Hände falten, die Zeigefinger gestreckt aneinander legen, wenn möglich nach oben schauen.

1b) Das rechte Bein langsam beugen, das Knie befindet sich über dem Fußgelenk, der Oberschenkel bildet eine Parallele zum Boden. Gleichzeitig gleitet das linke Bein ein Stück zurück. Dabei wird es sanft gestreckt.

a) Mit dem rechten Bein einen großen Schritt nach vorn machen. Der Oberkörper bleibt aufgerichtet, das Becken in der Mittelstellung. Den Po weder einziehen noch rausstrecken.

(1c Die Beine fest in den Boden drücken. Die Arme seitlich auf Schulterhöhe senken und waagrecht ausstrecken, gleichzeitig den Oberkörper nach links drehen. Den Kopf zum hinteren Arm wenden.

Das Dreieck

(2

Nun die Hüfte nach vorn drehen. Die Beine gestreckt grätschen, die Knie sind dabei nicht ganz durchgedrückt. Den Oberkörper nach rechts drehen und möglichst gestreckt zum Bein neigen. Der linke Arme stützt sich am Unterschenkel ab, der rechte Arm zeigt senkrecht nach oben. Der Kopf blickt zum rechten Arm.

3)

Der Adler

Den Oberkörper wieder aufrichten. Die Beine schließen, die Knie sind leicht gebeugt. Das Gewicht auf das linke Bein verlagern, das rechte Bein um den linken Ober- und Unterschenkel schlingen. Die Arme beugen, die Unterarme zeigen senkrecht nach oben. Die Unterarme vor der Brust kreuzen, die Handflächen liegen aufeinander.

Der Weise

4

Aufrecht hinsetzen. Linkes Bein nach vorn strecken, rechtes Bein möglichst nah am Becken aufstellen. Das rechte Knie mit dem rechten Arm von vorn umgreifen. Der linke Arm kommt von hinten dazu. Hände fassen und Oberkörper aufrecht halten.

Die Seitbeuge

5

Aufrecht sitzen, rechtes Bein seitlich ausstrecken, linkes Bein mit der Fußsohle zum Schambein ziehen. Den Oberkörper in weitem Bogen nach rechts dehnen. Wenn möglich, die Arme mitnehmen. Wenn möglich, mit der rechten Hand die rechte Fußspitze berühren.

Chi Ball: alle Sinne im Spiel

Die sanfte Trend-Gymnastik mit den duftenden Bällen ist eine Kombination aus Qi Gong, Yoga, Pilates, Tiefenentspannung und Aromatherapie. Für die Übungen auf dieser Doppelseite können Sie natürlich einen normalen Ball nehmen.

1) Warm-up

Aufrecht stehen, Beine grätschen, Knie leicht gebeugt, Oberkörper gerade. Den Ball mit beiden Händen vor dem Becken halten. Mit dem Einatmen den Ball dicht am Körper auf Brusthöhe anheben, mit dem Ausatmen langsam wieder senken. Dabei die Ellenbogen nicht durchdrücken. 10-mal.

2) Soft Stretch

Aufrecht stehen, Ball mit beiden Händen auf Brusthöhe halten, Ellenbogen zeigen nach außen. Einen Schritt nach rechts machen, dabei das rechte Knie etwas beugen, die linke Hand stützt sich auf Knie bzw. Oberschenkel ab. Gleichzeitig den linken Arm mit dem Ball in einem weiten Bogen über den Kopf führen. Der Oberkörper neigt sich zur Seite. Einige Atemzüge verweilen, zurück zur Ausgangsposition. Je Seite 10-mal.

3) Body-push Rücken

Aufrecht stehen, mit dem linken Bein einen großen Schritt nach vorn machen, dabei das Knie leicht beugen. Den Ball mit beiden Händen dicht am Körper nach oben führen, bis das rechte Bein, der Rücken und beide Arme eine Linie bilden. Wer möchte, kann den Kopf sanft heben. Einige Atemzüge halten, langsam wieder zurück zur Ausgangsposition. Je Seite 10-mal.

4) Body-push Hüfte

Rückenlage, den Ball unter das Becken legen. Arme seitlich am Boden ausgestreckt. Beide Beine nacheinander zum Oberkörper ziehen. Gleichgewicht halten und abwechselnd einen Fuß zum Boden führen, während das andere Bein, dicht am Bauch bleibt. Je Seite 10-mal.

5) Body-push Beine

Auf den Bauch legen, die Stirn ruht auf den übereinander gelegten Händen. Den Ball mit leichtem Druck zwischen den Füßen halten. Langsam beide Beine gestreckt vom Boden anheben. Einige Atemzüge halten und langsam wieder ablegen. 10-mal.

Sanfte Fitness von A–Z

a

Asthanga-Yoga
Heißt übersetzt so viel wie der »achtgliedrige Weg«. Ziel des Asthanga-Yoga ist es, eine physische und psychische Ausdauer zu entwickeln, die sich auch im Alltag auswirkt. Die schnelle Abfolge der Übungen erinnert an einen Tanz. Ihre Ausführung erfordert Konzentration, Kraft und Körperbeherrschung. Viele Leistungssportler praktizieren diese Yoga-Variante, um einseitige Belastungen auszugleichen. Siehe Seite 112.

Atemarbeit
Vielleicht besser bekannt unter dem Begriff Atemtherapie. Wurde Anfang des 20. Jahrhunderts aus Elementen der Gymnastik, des Tanzes und einer Verbindung von östlichen und westlichen Atemlehren entwickelt. Ziel ist es, durch spezielle Übungen den Atem zu beobachten, ihn bewusst zu erfahren und in einem natürlichen Rhythmus fließen zu lassen. Siehe Seite 122/123, 136–139.

Autogenes Training
Der Berliner Psychiater J. H. Schultz entwickelte in den 1920er-Jahren das Autogene Training als Technik zur suggestiven Selbstentspannung. Durch konzentriertes Wiederholen formelhafter Sätze lassen sich Körpergefühle hervorrufen, die allmählich in einen Zustand tiefer Entspannung versetzen. Es gibt verschiedene Übungen für Ruhe, Schwere, Wärme, Herzschlag, Atmung und Sonnengeflecht. Autogenes Training lässt sich durch Bücher allein oder in Kursen unter Anleitung eines Trainers oder Therapeuten erlernen.

Beweglichkeits-Training
Auch bekannt als Dehngymnastik oder Stretching. Regelmäßige Dehnübungen fördern die Flexibilität, wirken Beweglichkeitseinschränkungen entgegen und sorgen für einen freien Atem. Beweglichkeits-Training wirkt einseitigen Belastungen durch langes Sitzen oder Stehen entgegen, verbessert die Körperwahrnehmung und fördert die Entspannungsfähigkeit. Siehe Seite 134/135.

Beckenboden-Training
Sanftes Beckenboden-Training aktiviert, kräftigt und entspannt die Muskelgruppe zwischen Schambein, Steißbein und Sitzbeinhöckern. Bewusst eingesetzt, stützt und schützt sie den Körper von innen. Sie sorgt für einen aufrechten Gang, eine stabile Körpermitte und mehr Spaß in der Liebe. Siehe Seite 124/125, 140/141.

Body & Mind-Fitness
Neue Wortschöpfung ohne verbindliche Definition beziehungsweise Inhalte. Häufig versteckt sich dahinter ein Mix aus östlichen und westlichen Bewegungsformen. Zurzeit zählen dazu insbesondere Trends wie NIA, Qi Gong Dancing oder Chi Ball. Siehe Seite 128/129, 150/151.

Chi Ball
Bunte Mischung aus Yoga, Qi Gong, Feldenkrais®, Pilates, Tiefenentspannung und Aromatherapie. Ausgeführt mit kleinen duftenden Bällen zu rhythmisch-verpoppter Meditationsmusik. Erinnert an traditionelle Ballgymnastik. Die Bewegungsabläufe sind vorgegeben. Siehe Seite 150/151.

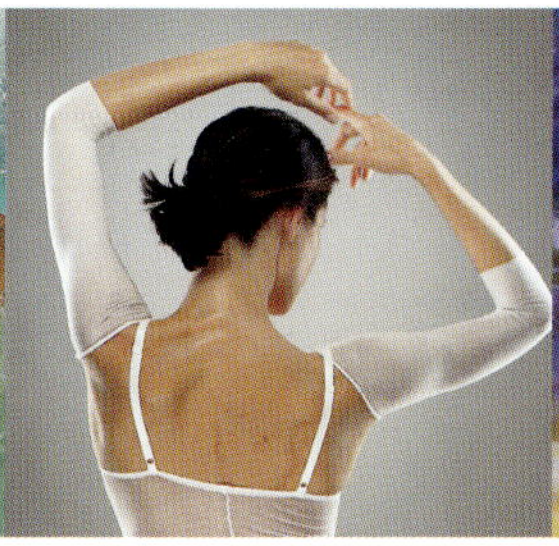

Eutonie nach Gerda Alexander®
Ist ein geschützter Begriff und darf nur von ausgebildeten Eutonie-Pädagogen unterrichtet werden. Wurde in den 1930er-Jahren von der Rhythmik- und Gymnastiklehrerin Gerda Alexander entwickelt. Das Wort Eutonie stammt aus dem Griechischen und bedeutet so viel wie »Wohlfühlspannung«. Die Übungen sorgen für einen Ausgleich der Spannkraft: körperlich und geistig, aber auch seelisch. Siehe Seite 120/121.

Feldenkrais®
Ziel dieser – ebenfalls geschützten – Methode ist eine Steigerung der Lebensqualität. Geeignet für alle, die mehr über sich erfahren wollen und dabei den Weg über den Körper und die Bewegung suchen. In einfachen Bewegungsabläufen werden alte Verhaltensmuster aufgedeckt und alternativ zweckmäßigere entwickelt. Das eröffnet neue Bewegungsmöglichkeiten im Alltag. Es gibt Gruppen- oder Einzelunterricht. Siehe Seite 118/119.

Gymnastik
Im antiken Griechenland war sie die Wissenschaft von den Leibesübungen, Anfang der 1920er-Jahre Grundlage für die moderne Atem- und Leibarbeit. Pionierinnen der Körperarbeit, wie Hede Kallmeyer, Elsa Gindler oder Bess Mensendieck, behandelten eigene Leiden durch bewusstes Atmen. Ihre Erfolge waren so überzeugend, dass sie die Einstellung zu Atmung und Bewegung im 20. Jahrhundert revolutionierten und entscheidend geprägt haben. Durch diesen Erfolg motiviert, gründeten diese Frauen Schulen und Ausbildungsinstitute. Die 3-jährige Ausbildung zur staatlich geprüften Gymnastiklehrerin basiert immer noch auf der Arbeit dieser Pionierinnen. Sie hat bis heute Ihren Schwerpunkt in der ganzheitlichen Körper- und Bewegungsbildung. Und einen festen Platz im Bereich der Gesundheitsvorsorge und Rehabilitation.

Hatha-Yoga
Ist die im Westen bekannteste Form des Yoga, bei der die Betonung eindeutig auf den Körperübungen, den Asanas, liegt. Die Bewegungen werden ruhig und langsam in einem natürlichen Atemrhythmus ausgeführt. Ziel ist es, möglichst lange in einer Haltung zu verharren. Hatha-Yoga ist deshalb ein guter Einstieg für Anfänger. Siehe Seite 110/111.

Iyengar-Yoga
Wurde in den 1930er-Jahren von dem indischen Yoga-Meister B.K.S. Iyengar entwickelt und ist eine Herausforderung für Körper, Geist und Seele. Durch perfekte Kombination und Aneinanderreihung von Körperstellungen werden sämtliche Muskeln und Gelenke beansprucht. Die Meditation in der Bewegung ist bei dieser Form des Yoga ein wichtiger Bestandteil. Die Körperübungen sind voll Anmut und Grazie – eine kunstvolle Darbietung. Siehe Seiten 112 und 146–149.

Kundalini-Yoga
Diese Form des Yoga ist schon über 3000 Jahre alt und damit die älteste Variante. Kundalini-Yoga ist stark bewegungsorien-

Sanfte Fitness von A–Z

k

tiert und sehr dynamisch. Körperliche Probleme können mit den ganz individuell zugeschnittenen Übungsprogrammen günstig beeinflusst werden. Unterstützt werden die Bewegungen durch das Singen von Mantras, die auf die jeweilige Lebenssituation abgestimmt sind.
Obwohl die Atmung bei allen Yogaformen eine wichtige Rolle spielt – beim Kundalini-Yoga hat sie eine besondere Bedeutung: Die Bandbreite der therapeutischen Atmung reicht von der tiefen Bauchatmung bis zum schnellen Hecheln.
Kundalini-Yoga wird oft als Geburtsvorbereitung oder Rückbildungskurs für Mütter angeboten. Siehe Seite 111.

Liquid Sound
Der »Liquid-Sound-Tempel« ist ein Pool in einem geschlossenen Raum mit Farb- und Klangspielen. Entwickelt wurde er von dem Medienkünstler Micky Remann. Hier kann man schwerelos durchs Wasser gleiten und dem Gesang der Wale lauschen: Nach einem anstrengenden Tag ist das Entspannung pur! Siehe Seite 127.

Meditation
Ist eine geistige Übung, bei der das Bewusstsein geschult und die Achtsamkeit kultiviert wird. Sie geht weit über das hinaus, was man unter Entspannung versteht. Durch Meditation tritt der Mensch in tiefen Kontakt mit sich selbst. Es gibt verschiedene Formen der Meditation, jede Kultur, jede spirituelle Richtung hat ihre eigene Tradition. Probieren Sie verschiedene Meditationsstile und Lehrer aus, bevor Sie sich für eine Form entscheiden.

NIA
Die Abkürzung steht für »Neuromuskuläre Integrative Aktion«. Hinter dem kompliziert klingenden Titel verbirgt sich ein ganzheitlicher Ansatz: Die NIA Technique will Körper, Geist und Seele in Einklang bringen. Entwickelt wurde sie Anfang der Achtzigerjahre des 20. Jahrhunderts von Debbie und Carlos Rosas in den USA. NIA ist eine Kombination westlicher und fernöstlicher Bewegungsformen: Hier mischen sich Elemente von Tai Chi, Taekwondo, Tanz und Yoga. Das Training wird begleitet von afrikanischen Trommeln, lateinamerikanischer Gitarrenmusik oder meditativen Klängen. Siehe Seite 128/129.

Progressive Muskelentspannung
Auch Muskelentspannung nach Jacobsen oder Tiefmuskelentspannung genannt. Wurde von dem amerikanischen Arzt Edmund Jacobsen bereits zu Beginn des 20. Jahrhunderts an der Harvard Universität als Lehrmethode eingeführt. Ihre Wirkung basiert auf dem bewussten An- und Entspannen der Skelettmuskulatur verschiedener Körperbereiche. Dadurch soll die Sensibilität für die unterschiedlichen Spannungszustände geschult und ein neues Körpergefühl entwickelt werden, das zu tiefer Entspannung führt. Das »klassische« Verfahren arbeitet mit 16 Muskelgruppen. Fortgeschrittene Teilnehmer üben mit 7 Muskelgruppen.

Power-Yoga
Wurde Anfang der 80er-Jahre des 20. Jahrhunderts aus dem Asthanga-Yoga entwickelt. Unterrichtet wird Power-Yoga

meist in Fitness-Studios. Es ist eine sehr sportliche, schnelle und anstrengende Form des Yoga und daher nichts für Einsteiger. Siehe Seite 112/113.

Tai Chi

Diese alte chinesische Kampfsportart wird bei uns fälschlicher Weise oft als »Schattenboxen« bezeichnet. Dabei haben die fließenden, in Zeitlupentempo ausgeführten Bewegungsabläufe mit Boxen überhaupt nichts zu tun. Vielmehr sollen sie die gegensätzlichen Kräfte des Yin und Yang – männlich und weiblich, hoch und tief, gespannt und entspannt, Geben und Nehmen – verbinden. Dies geschieht nicht nur mental, sondern durch konzentrierte Körperarbeit, bei der man durchaus ins Schwitzen kommen kann. Siehe Seite 115.

Qi Gong

Kommt aus China. Dort wurde es schon vor etwa 4000 Jahren zur Gesundheitsvorsorge und Meditation eingesetzt. Es hat seine Wurzeln in der Traditionellen Chinesischen Medizin (TCM) und heißt übersetzt so viel wie »Arbeit mit der Lebensenergie«. Ziel aller Qi-Gong-Übungen ist es, diese Lebensenergie, das Qi, zu stärken. Siehe Seite 114/115.

Water-Balancing

Wurde von dem Dipl. Psychologen Gunter Freude entwickelt. Spezielle fließende Bewegungen und gezielte Massagegriffe sorgen für eine Harmonisierung von Körper und Geist und mehr Vitalität. Möglich als Einzel- oder Gruppentraining. Siehe Seite 126.

Wasser-Shiatsu® oder WATSU®

Ist ebenso wie das Wasser-Tanzen® eine relativ neue Form der Körpertherapie. WATSU® findet in 35 Grad warmen Wasser statt, wobei der Kopf immer über Wasser bleibt. Geübt wird mit einem ausgebildeten Trainer. Ziel ist es, die Lebensenergie durch Meridian-Dehnungen, Gelenk-Mobilisation und Massage wieder zum Fließen zu bringen: Verspannungen und Blockaden können sich auflösen. Siehe Seite 126.

Wasser-Tanzen WATA®

ist die kleine Schwester von WATSU® und verbindet Elemente aus Aikido, Tantra, Stretching, WATSU® und Meditation. Der erste Teil findet mit dem Kopf über Wasser statt. Dann tauchen Tänzer und Mittänzer unter Wasser. Die energiereichen, dreidimensionalen Bewegungsabläufe führen zu tiefer Entspannung. Siehe Seite 127.

Zen-Buddhismus

Siddharta Gautama, der Begründer des Buddhismus, wurde Mitte des 6. Jahrhunderts in Indien geboren. Der Fürstensohn suchte nach einer Möglichkeit, die Vergänglichkeit und das Leid der Welt zu überwinden. Er meditierte 9 Jahre lang, bis er seine Erleuchtung fand. Dann machte er sich auf den Weg, seine Lehre zu verkünden.

Der Zen-Buddhismus hat in China etwa 500 Millionen Anhänger und ist eine der großen Weltreligionen. Nach buddhistischer Überzeugung liegt in der inneren Erfahrung der wahre Heilsweg. Diese erreicht man allein durch die Konzentration auf das Hier und Jetzt.

Adressen, die weiterhelfen

Atemarbeit

AFA
Verband der
Atempädagoginnen/Atemtherapeutinnen
Arbeits- und Forschungsgemeinschaft für
Atempflege e. V.
Geschäftsstelle
Wartburgstraße 41
10551 Berlin
Tel.: 0 30/3 95 38 60
Fax: 0 30/3 95 38 23
E-Mail: AFA.eV@t-online.de
Internet: www.atemtherapie.org

Ernährung

Deutsche Gesellschaft für Ernährung
Im Vogelsang 40
60488 Frankfurt/Main
Tel.: 0 69/9 76 80 30
Fax: 0 69/97 68 03 99
Internet: www.dge.de

Eutonie Gerda Alexander®

Allgemeine Information über Kurse und Seminare:
DEGGA e. V.
Renate Riese
Köpkenstraße 3
28203 Bremen

Informationen zur Ausbildung:
Gerda-Alexander-Schule e. V.
Philosophenweg 27
77654 Offenburg
Tel.: 07 81/2 22 25
Fax: 07 81/7 58 15

Feldenkrais®

Feldenkrais-Gilde e. V.
Schleißheimer Str. 74
80797 München
Tel.: 0 89/52 31 01 71
Fax: 0 89/52 31 01 72
E-Mail: Gilde@Feldenkrais.de
Internet: www.Feldenkrais.de

Ganzheitliche Gymnastik

Berufsverband staatlich geprüfter
Gymnastiklehrerinnen und -lehrer e. V.,
DGymB
Brunnenstraße 71
65835 Liederbach
Tel.: 0 61 96/6 32 29
Fax: 0 61 96/64 40 83

Die MediaDatei des Deutschen Gymnastikbundes vermittelt Ihnen kompetente Fachkräfte für ganzheitliche Körper- und Bewegungsarbeit:

DGymB Presse und Projekte
Feckweilerbruch 28
55765 Birkenfeld/Nahe
Tel.: 0 67 82/98 10 80
Fax: 0 67 82/98 10 82
E-Mail:
DGymB.Presse.und.Projekte@t-online.de

Inline-Skaten

Deutscher Inline-Skate Verband e. V.
Alte Bergstr. 27
64342 Seeheim-Jugenheim
Tel.: 0 62 57/96 22 36
Fax: 0 62 57/96 22 32
E-Mail: feedback@d-i-v.de
Internet: www.d-i-v.de

Joggen und Walken
Deutscher Leichtathletik-Verband
Alsfelder Str. 27
64289 Darmstadt
Tel.: 0 61 51/77 08-0
Fax: 0 61 51/77 08-11
E-Mail: 106144,43@compuserve.com
Internet: www.dlv-sport.de

Kundalini-Yoga
Arbeitsgruppe für natürliche Geburt in 3HO e. V.
Eppendorfer Weg 213
20253 Hamburg
Tel.: 0 40/4 20 36 36
Fax: 0 40/42 30 11 99
E-Mail: natürliche_geburt@gmx.de

Pilates
Body Control Pilates Association
14 Neal's Yard, Convent Garden
GB - London WC2H 9DP
Tel.: 00 44 - (0)2 07/3 79 37 34
Fax: 00 44 - (0)2 07/3 79 75 51
E-Mail: BCPilates@aol.com
Internet: www.bodycontrol.co.uk

Qi Gong und Tai Chi
Taijiquan und Qigong
Netzwerk Deutschland e. V.
Weidenstieg 18
20259 Hamburg
Tel.: 0 40/40 19 70 48
Fax: 0 40/40 19 70 49
E-Mail: netzwerk@linc.de
Internet: www.netzwerk.linc.de

Rad fahren
Bund Deutscher Radfahrer
Otto-Fleck-Schneise 4
60528 Frankfurt
Tel.: 0 69/96 78 00-0
Fax: 0 69/96 78 00-80
Internet: www.bdr-online.org

Schwimmen
Deutscher Schwimm-Verband
Korbacher Str. 93
34132 Kassel
Tel.: 05 61/9 40 83-0
Fax: 05 61/9 40 83-15
E-Mail: info@dsv.de

Wasser-Therapien
Institut für Aquatische Körperarbeit
Christhahlenweg 27
79112 Freiburg
Tel.: 0 76 65/94 23 10
Fax: 0 76 65/94 23 11
E-Mail: iaka@AquatischeKoerperarbeit.de
Internet:
www.AquatischeKoerperarbeit.de

Yoga
BDY
Berufsverband Deutscher Yogalehrer e. V.
Heinrich-Grob-Straße 48
97250 Erlabrunn
Tel.: 0 93 64/47 97
Fax: 0 93 64/72 08

Register

Im FALKEN Verlag sind zahlreiche Titel zu Fitness und Wellness erschienen. Sie sind überall dort erhältlich, wo es Bücher gibt.

Sie finden uns im Internet: **www.falken.de**

Der Text dieses Buches entspricht den Regeln der neuen deutschen Rechtschreibung.

Dieses Buch wurde auf chlorfrei gebleichtem und säurefreiem Papier gedruckt.

ISBN 3 8068 7621 5

Umschlaggestaltung: Martina Eisele, München
Redaktion: Claudia Daiber, Scheyern
Koordination und Schlussredaktion: Regine Gamm
Layout: Wolfgang Schöbel, München
Herstellung: Wolfgang Schöbel, München; Petra Zimmer

Die Ratschläge in diesem Buch sind von Autorin und Verlag sorgfältig erwogen und geprüft, dennoch kann eine Garantie nicht übernommen werden. Eine Haftung der Autorin bzw. des Verlags und seiner Beauftragten für Personen-, Sach- und Vermögensschäden ist ausgeschlossen.

Satz: Wolfgang Schöbel, München
Reproduktion: Lithotronic, Frankfurt
Gesamtkonzeption: FALKEN Verlag, D-65527 Niedernhausen

817 2635 4453 6271

Sportbekleidung wurde freundlicherweise zur Verfügung gestellt von:

Venice Beach
Holsteinischer Kamp 1
22081 Hamburg

Muskelkater
Belgradstr. 19
80796 München

Ginadan
Über Horst J. Schmitz
Agentur CDH
Weltistr. 36
81477 München

Karstadt Sporthaus
Haus Oberpollinger
Kaufingerstr.
80323 München

Life Gym Wear
Bruno Dressler Str. 9
63477 Maintal

Fotonachweis:

jump, Hamburg: 4 (5x, Fotos von li nach re: K. Vey, K. Vey, L. Lenz, L. Lenz; M. Müller); 13 (2. Bild von li; 4. Bild von li: L. Lenz; 5. Bild von li); 22 (K. Vey); 27 (L. Lenz); 29 (L. Lenz); 30 (L. Lenz); 31 (L. Lenz); 33 (M. Müller); 35 (K. Vey); 36 (K. Vey); 37 (K. Vey); 43 (3. Bild von li: L. Lenz)

Gerald Klepka, München:
2/3, 5 (5x), 6 (1x), 7 (3x), 18, 40/41 (6x), 48, 52/53 (4x), 54/55 (5x), 58/59 (15x), 60, 62/63 (5x), 64/65 (5x), 66, 68/69 (6x), 70/71 (4x), 72/73 (4x), 74/75 (4x), 76, 78/79 (5x), 80/81 (4x), 82/83 (5x), 84/85 (5x), 86/87 (4x), 88, 90/91 (4x), 92/93 (6x), 94/95 (5x), 96/97 (6x), 106, 119, 120, 121, 123, 124, 125, 132, 134/135 (6x), 136/137 (4x), 138/139 (4x), 140/141 (6x)

report-Bilderdienst, München:
6 (4 x; Fotos von li nach re: K. Kramer, A. Al-Doori, J. Steffens und ganz re: M. Leis); 7 (2 x; Fotos von li nach re: 2 x M. Leis); 10/11 (M. Leis); 13 (1. Bild von li: M. Roberts, 3. Bild von li: G. Klepka); 14 (M. Roberts); 19 (J. Steffens); 25 (G. Klepka); 38/39 (6 x G. Klepka); 43 (1. Bild von li: M. Leis, 2. Bild von li: A. Hain; 4. Bild von li: M. Leis); 44/45 (Frontino); 47 (von li nach re: G. Klepka, M. Leis, M. Brauner, G. Klepka, J. Steffens); 99/101 (von li nach re: G. Klepka, H. Hopp, G. Klepka, Ch. Mai); 102/103 (K. Kramer); 105 (von li nach re: M. Leis, K. Kramer, Ch. Mai, K. Kramer); 108 (M. Leis); 109 (2 x K. Kramer); 110 (A. Al-Doori); 111 (A. Al-Doori); 112113 (3 x J. Steffens); 114 (M. Leis); 115 (K. Kramer); 116/117 (2 x Ch. Mai); 126/127 (5 x M. Leis); 129 (A. Al-Doori); 142/143 (3 x Ch. Mai); 144/145 (4 x Ch. Mai); 146/147 (4 x J. Steffens); 148/149 (4 x J. Steffens); 150/151 (5 x K. Kramer); 153/155 (von li nach re: H. Hopp, A. Al-Doori; M. Leis; M. Leis)